Aimeric dau Sochau

La Charente occitane
Une identité, une langue, des légendes

La Charanta occitana
'Na identitat,'na lenga, de las legendas

2016

A Mamé, ma grand-mère de Saint-Romain (16)
à Mémé, mon arrière-grand-mère de Vitrac -
Saint-Vincent (16),
à GrandMé ma grand-mère d'Oradour-Fanais (16),
et à GrandPé mon grand-père
de Buissière-Boffy (87).

A Mame, ma granda de Sent Roman (16),
a Meme, ma 'reir-granda de Vitrac -
Sent Vincenç (16),
a GrandMe ma granda d'Orador-Fanés (16),
e a GrandPe mon grand de Bussièra Bòufin (87).

Préface

A l'heure où émerge une grande région Aquitaine, ce livre est une pierre apportée à la consolidation de l'identité de cette région existant depuis les Romains et la duchesse Aliénor. En effet, cette grande région est parfois décriée car il n'existerait pas assez d'identité commune entre les pays basque, béarnais-gascon, périgourdin-limousin et poitevin-saintongeais. Mais un petit espace rural au cœur de cette grande Aquitaine démontre à quel point au contraire une identité existe sous la forme d'une mosaïque de petites régions rurales, où la culture passe graduellement d'une culture pyrénéenne à poitevine par de nombreuses petites étapes.

Ainsi la Charente occitane, puisqu'elle est située à l'est du département de la Charente, est administrativement en zone picto-charentaise, qui parle majoritairement le poitevin-saintongeais ou *parlanjhe* (langue régionale d'oïl qui couvre le Poitou, l'Aunis, la Saintonge, l'ouest de l'Angoumois et le pays gabaye au nord de la Gironde).

Prefaci

A l'ora d'aura, ont 'na granda region Aquitània emergís, queu libre es 'na peira portada a la consolidacion de l'identitat de quela region existent dempuèi los Romans e la duchessa Alienòr. D'efièch, quela granda region es daus uns còps descridada car existiriá pas gaire de comuna identitat entre los país basc, bearnés-gascon, perigordin-lemosin e peitavin-santongés. Mas un pitit espaci rurau au centre de quela granda Aquitània demostra a queu punt a l'encontrari 'na identitat existís jos la forma d'un mosaïc de p'itas regions ruralas, ont la cultura passa gradualament d'una cultura pirenenca a peitavina per fòrça p'itas estapas.

Aitau, pùèi qu'ela es 'na partida se trobant a l'est dau departament de la Charanta, la Charanta occitana es administrativament en zòna picto-charantesa, que parla majoritàriament lo peitavin-santongés o *parlanjhe* (lenga regionala d'oïl que cubris lo Peitau, l'Aunis, la Santonge, l'oèst de l'Engolmés e lo país gabaí au nòrd de la Gironda).

Mais elle est aussi culturellement totalement occitane et limousine, car c'est en réalité le résidu d'une extension bien plus importante qu'avait vers l'ouest cette langue d'oc limousine, cette *lenga d'aur* ou cette *bèla lenga nòstra* comme certains l'appellent fièrement.

Ce livre a pour but notamment de faire découvrir ou d'ancrer les connaissances de la culture propre à cette Charente occitane par trois moyens : dans un premier temps, il s'agit de la présentation, relativement succincte, de la géographie (voir carte aux pages suivantes), les origines, les paysages, la végétation, la géologie, l'architecture, l'histoire et la gastronomie de cette petite région.

La seconde partie de cet ouvrage consiste en un recueil des légendes véhiculées dans cette région avant qu'elles ne disparaissent. En effet, ces légendes étaient transmises la plupart du temps oralement lors de veillées, au coin du feu de la cheminée, où les plus vieux enseignaient leur savoir en la matière aux plus jeunes. Bien sûr la langue utilisée était alors tout naturellement, comme il s'agit d'un milieu rural, la langue régionale du pays, c'est-à-dire l'occitan du Limousin.

Mas 'la es tanben culturalament totalament occitana e lemosina, perque quò es en realitat la sòbra d'una extension fòrça mai importanta qu'aviá vèrs l'oèst quela lenga d'òc lemosina, quela *lenga d'aur* o quela *bèla lenga nòstra* coma quauqu'uns la disen fièrament.

Queu libre a principalament per but de far descubrir e d'assolidar las coneissenças de la cultura pròpria a quela Charanta occitana per tres mejans : d'en prumièr, se tracha de la pesentacion, relativament succinta, de la geografia (veire la mapa a las pajas seguentas), las originas, los païsatges, la vegetacion, la geologia, l'architectura, l'istòria e la gastronomia de quela p'ita region.

La segonda partida de quel obratge consistís en un recuèlh de las legendas veïculadas dins quela region davant que desapareissan. D'efièch, quelas legendas èran trasmetudas sovent oralament durant de las velhadas, en lo chanton, ont los mai vielhs ensenhavan lor saber sus queu subjècte aus goiats. La lenga utilisada èra alara naturalament, coma se tracha d'un mitan rurau, la lenga regionala dau país, es a dire l'occitan dau Lemosin.

Il semblait donc tout aussi naturel de figer par l'écrit ces légendes dans la langue qui était utilisée pour les raconter, d'où le choix d'un livre bilingue en français traduit systématiquement en limousin. Ceci constitue indiscutablement un troisième moyen de faire découvrir cette culture si particulière.

Semblava donc plan naturau d'inscriure definitivament quelas legendas dins la lenga qu'èra utilisada per las contar, d'ont la chausida d'un libre bilingüe en francés traduch sistematicament en lemosin. Quò constituís indiscutiblament un tresen mejan de far descubrir quela cultura tan particulara.

Ci-dessous : Position de la Charente occitane sur la carte d'Occitanie
Çai-dejos : Pausicion de la Charanta occitana sus la mapa d'Occitània

Ci-contre : Carte de la Charente occitane et de ses sites légendaires
Çai-contra : Mapa de la Charanta occitana e de sos sites legendaris

França/France

Charanta occitana
Charente occitane

Occitània/
Occitanie

Deux-
Sèvres

Vienne

La Disseura
e la Mandragora

CONFOLENT

Disseure

Charente
poitevine

Charanta
lemosina

Lo Son e
lo Lop-Garol

Son

Son Sonnetta

Son

Gròtas aus Fadets
de Cherves-Chastelar
e La Rocheta

Vienhana

Domaine
du parlanjhe
(langue d'oïl poitevine
- saintongeaise)

COGNAC

Fòssas dau
Diable

LA RÒCHA FOCAUD

Charanta

Forèst de
la Bracona

MONTBEROL

Nauta
Vinhana

Charente

ANGOULEME

Forèst
d'Òrta

Charente
saintongeaise

VILABÒSC-LA-VALETA

Occitània
(lenga d'òc lemosina)

Charente-
Maritime

Granda Font
de Ronsenac

Charanta
perigòrda

Dordonha

Pays Gabaye
(Nord Gironde)

Glèisa monolitica
d'Aubaterra

13

I - Constitution de la Charente occitane

Commençons donc à présent par remonter aux origines de la Charente occitane, qui a su préserver ses particularités notamment au niveau linguistique, alors que les choses étaient tant mouvantes à sa périphérie ouest et nord.

Avant la guerre de Cent Ans, l'ensemble des deux Charentes, le nord du Bordelais et le sud du Poitou utilisaient en effet un parler occitan proche du dialecte limousin. Cette ancienne limite linguistique a pu être établie grâce à l'omniprésence d'une toponymie occitane des noms de villages finissant en *ac* (Cognac, Jonzac, Jarnac, Gémozac, Segonzac, Condac, Lussac…). L'existence de troubadours célèbres dans cette zone, qui utilisaient une langue proche du limousin médiéval, renforce ceci encore un peu plus (Richard de Barbezieux, Geoffroy Rudel, Geoffroy de Pons, Guillaume IX de Poitiers, Savary de Mauléon…). Mais la guerre anglo-française oeuvrant fortement sur cette marge nord de l'Aquitaine, les populations ont été décimées et des populations septentrionales au parler d'oïl sont venues de la vallée de la Loire repeupler plus au sud les régions du nord du Bordelais, des Charentes et du sud du Poitou.

I - Constitucion de la Charanta occitana

Comencèm donc aura per remontar a las originas de la Charanta occitana, qu'a saugut preservar sas particularitats especialament au nivèu lingüistic, mentre que las chausas èran plan moventas a sa periferia a l'oèst e au nòrd.

Davant la guèrra de Cent Ans, l'ensemble de las doas Charantas, lo nòrd dau Bordalés e lo sud dau Peitau utilisavan efectivament 'na parladura occitana vesina dau dialècte lemosin. Quela anciana limita lingüistica a pogut èstre establida amb l'omnipreséncia d'una toponomia occitana daus noms de vilatges finissent amb *ac* (Cognac, Jonzac, Jarnac, Gemozac, Segonzac, Condac, Lussac…). L'existéncia daus celèbres trobadors dins quela zòna, qu'utilisavan 'na lenga vesina dau lemosin medievau, enforça quò enquèra un pauc mai (Rigaut de Berbezilh, Jaufré Rudel, Jaufré de Pon, Guilhem IX de Peitieus, Savaric de Malleo…). Mas la guèrra anglo-francesa obrant beucòp sus queu marge au nòrd de l'Aquitània, las populacions son estadas decimadas e de las populacions septentrionalas de parladura d'oïl son vengudas de la valada de la Leire per tornar poblar mai au sud las regions dau nòrd dau Bordalés, de las Charantas e dau sud dau Peitau.

Elles y ont considérablement modifié la langue régionale qui est devenue ce qu'on nomme maintenant le *parlanjhe* ou autrement dit le poitevin-saintongeais (qui compte tout de même toujours environ 1/3 de vocabulaire d'oc et 2/3 de vocabulaire d'oïl).

Mais face à ce recul de la langue occitane dans de nombreuses parties des Charentes, des vallées et plateaux de l'est charentais sont restés des zones au parler occitan. En effet, le processus de « désoccitanisation », qui s'est déroulé notamment en Saintonge et à l'ouest de l'Angoumois, n'a pas affecté cette région à l'est de l'actuel département de la Charente et que l'on appelle donc à juste titre la *Charente occitane*.

Cette petite région a développé par conséquent une identité propre, où culture linguistique occitane limousine se mélange, depuis la fin du Moyen-Âge, à l'influence politique et économique d'Angoulême et de l'Angoumois. Elle constitue donc une marche intermédiaire, une étape dans la progression nord-sud des cultures aquitaines.

I an considerablament modificat la lenga regionala qu'es venguda çò que nomenam aura lo *parlanjhe*, o dich autrament, lo peitavin-santongés (que compta totparièr sempre a l'entorn de 1/3 de vocabulari occitan e 2/3 de vocabulari d'oïl).

Mas davant quela reculada de la lenga occitana dins fòrça partidas de las Charantas, de las valadas e daus platèus de l'èst charantés son demorats de las zònas de parladura occitana. D'efièch, lo processus de « desoccitanisacion », que s'es debanat principalament en Santonge e a l'oèst de l'Engolmés, a pas afectat quela region a l'èst de l'actuau departament de la Charanta, que nomenam donc justament la *Charanta occitana*.

Quela p'ita region a desvelopat de consequéncia 'na pròpria identitat, ont cultura lingüistica occitana lemosina se boira, dempuèi la fin de l'Edat Mejana, amb l'influéncia politica e economica d'Engolesme e de l'Engolmés. Constituís donc 'na marcha intermediària, 'na estapa dins la progression dau nòrd au sud de las culturas aquitanas.

II - Caractéristiques de la Charente occitane

Dans toute cette Charente occitane, le parler y est indiscutablement limousin mais on peut cependant distinguer deux types de zones.

En effet les plateaux et vallées les plus au sud forment ce qu'on peut appeler la *Charente périgourdine* pour de nombreuses raisons car comme en Périgord :

- les paysages sont une alternance de grands massifs forestiers (landes de Bors, Braconne, Horte, Bois Blanc…) avec de petites vallées encore relativement boisées et modérément cultivées (avec une polyculture de type aquitain : élevages de canards, poules, chèvres ou vaches, noyers AOC du Périgord, vignes pour le pineau et le cognac, châtaigniers, truffiers, melons, blé, tournesol, maïs, luzerne, …)

- la flore est très particulière car à la fois atlantique avec par exemple le chêne pédonculé et la bruyère cendrée, ibérique avec le pin maritime et le chêne tauzin, et subméditerranéenne avec la présence d'espèces propéméditerranéennes comme la bruyère arborescente, le chêne vert, le chêne liège,

II - Caractaris de la Charanta occitana

Dins tota quela Charanta occitana, la parladura es aicí clarament lemosina, mas i podèm veire pertant dos tipes de zònas.

D'efièch, los platèus e valadas los mai au sud forman çò que podèm nomenar la *Charanta perigòrda* per fòrça rasons perque, coma en Perigòrd :

- los païsatges son 'na alternança de grands massius forestièrs (landas de Bors, Bracona, Òrta, Blanc Bòsc…) amb de p'itas valadas enquèra relativament boscosas e modèradament cultivadas (amb 'na policultura de tipe aquitan : bòrias amb ritons, jalinas, chabras o vachas, nogièrs AOC dau Perigòrd, vinhas peu pinòt e lo cognat, chastanhièrs, trufièrs, melons, blat, vira-solelh, bigarraud, luserna…)

- la flora es plan particulara car es a l'encòp atlantica amb per exemple lo jarric e la bruja, iberica amb lo pinhièr e lo tausin, e submediterranèa amb la preséncia d'espècias propemediterranèas coma la branda, l'euse, lo leugièr,

l'ophrys jaune, l'ophrys des Lupercales et la cupidone, d'espèces latéméditerranéennes comme le laurier sauce et l'arbousier commun, d'espèces seminéditerranéennes comme l'érable de Montpellier, le chêne pubescent et l'origan, et enfin d'espèces supramediterranéennes avec le châtaignier et le pin sylvestre

- la géologie montre une alternance de vallées aux fonds argileux et aux coteaux calcaires crétacés, avec de vastes zones argilo-siliceuses issues de l'érosion du Massif central hercynien

- l'architecture s'exprime dans des maisons de calcaire, couvertes de tuiles romanes souvent flanquées d'une tour pigeonnier à tuiles plates

- enfin, l'histoire de bon nombre de ces zones (autour d'Aubeterre-sur-Dronne et Villebois-Lavalette surtout) appartient à celle de l'ancien diocèse de Périgueux jusqu'à la Révolution, au niveau religieux ; au niveau politique, alors qu'elles ont appartenu pour certaines au comté du Périgord au Moyen-Âge, la plupart passe politiquement sous la domination du comté d'Angoumois au XIIIe siècle.

lo porriòu rossèu, lo porriòu brun e la catanancha, d'espècias latemediterranèas coma lo laurièr e l'arboçièr, d'espècias semimediterranèas coma l'asèrau de Lo Clapàs, lo jarric trufièr e la marjolana bastarda, e en fin d'espècias supramediterranèas amb lo chastanhièr o lo pinastre

- la geologia mostra 'na alternança de valadas a las combas aubugosas e aus costaus calquièrs cretacèus, amb de vastas zònas aubugosas e siliciosas eissidas de l'erosion dau ercinian Massiu centrau

- l'architectura s'exprimís per de las maisons en calcari, cobertas de tèules romanics e sovent amb 'na tor colombièr cuberta de tèules plats

- en fin l'istòria de beucòp de quelas zònas (a l'entorn d'Aubaterra sus Drona e Vilabòsc - La Valeta subretot) aparten a la de l'ancian diocèsi de Perigüers jusc'a la Revolucion au nivèu religiós ; au nivèu politic, mentre que certanas an apartengut au comtat dau Perigòrd a l'Edat Mejana, la màger part passa politicament jos la dominacion dau comtat d'Engolmés au sègle XIII.

A contrario, les plateaux et vallées du nord de la Charente occitane forment la *Charente limousine*, terme légitimé également pour de nombreuses raisons car comme dans le Limousin actuel :

- les paysages sont essentiellement de petits bois et forêts alternant avec de grandes zones de bocage (dédiées à l'élevage bovin des vaches limousines ou élevage ovin de brebis limousines)

- la flore y est également atlantique avec, par exemple, les chênes pédonculés et les bruyères cendrées et supraméditerranéenne avec le châtaignier et le pin sylvestre, mais aussi montagnarde subalpine avec la présence par exemple du houx, de l'aconit tue-loup ou du lis martagon

- la géologie s'inscrit dans la limite occidentale du Massif central avec une zone de schistes à l'ouest et au sud, et une zone de granite au centre

- l'architecture s'exprime dans des maisons en schistes ou en granite, couvertes de tuiles romanes et prolongées latéralement par un large auvent

A l'encontrari, los platèus e valadas dau nòrd de la Charanta occitana forman la *Charanta lemosina*, paraula legitimada tanben per fòrça rasons perque, coma dins lo Lemosin actuau :

- los païsatges son essencialament de pitits bòsques e forèsts alternant amb de grandas zònas de boscatge (dedicadas a las bòrias amb de las vachas lemosinas o de las ovelhas lemosinas)

- la flora i es tanben atlantica amb, per exemple, los jarrics e las brujas, supramediterranèa amb lo chastanhièr e lo pinastre, mas tanben montanhenca subalpina amb la preséncia per exemple dau grafolhaud, de l'estrangla-lop o dau liri martagon

- la geologia s'inscriu dins la limita occidentala dau Massiu centrau amb 'na zòna de sistres a l'oèst e au sud, e 'na zòna de granit au centre

- l'architectura s'exprimís per de las maisons en sistres o en granit, cubertas de tèules romanics e perlonjadas latèralament per un large balet

- enfin, historiquement, la plupart des paroisses appartenaient à l'ancien diocèse de Limoges jusqu'à la Révolution, et la plupart de ces zones étaient rattachées à la vicomté de Limoges voire pour un plus grand nombre encore au comté de la Marche.

D'un point de vue culinaire, la région est plus homogène dans ses influences car sa cuisine s'inscrit clairement au nord comme au sud dans celle du Sud-Ouest (foie gras, friture de poissons, crépinette, merveille, gâteau des rois brioché, cèpes…) mais aussi bien sûr plus particulièrement dans celle du Limousin (clafoutis aux cerises, gâteau aux châtaignes…), du Périgord (tourain à l'aïl, millas, gâteau aux noix…) ou des Charentes (grillons de porc, omelette ramée, c'est-à-dire mi-crêpe mi-omelette aux pommes de terre…). Cependant la Charente occitane a également ses spécialités comme le vin de Saint-Sornin ou les cornuelles de Villebois-Lavalette.

- en fin, istòricament, la màger part de las paròfias apartenian a l'ancian diocèsi de Lemòtges jusc'a la Revolucion e la màger part de quelas zònas èran restachadas a la vescomtat de Lemòtges o enquèra mai au comtat de la Marcha.

D'un punt de vista culinari, la region es mai omogenèa dins sas influéncias perque sa cosina s'inscriu clarament au nòrd coma au sud dins la cosina dau Sud-Oèst (fetge gras, padelada de peisson freginat, crespineta, aurelheta, gastèu daus reis, botarèus...), mas enquèra mai particularament, plan segur, dins la cosina dau Lemosin (clafotis a las cireisas, pastisson a las chastanhas), dau Perigòrd (torrin a la gauça, milhasson, pastisson aus cacaus...) o de las Charantas (gratons de tesson, moleta remada, es a dire meitat crespèu meitat moleta a las pompiras...).
La Charanta occitana a mentre sas specialitats tanben coma lo vin de Sent Sornin o las cornuèlas de Vilabòsc - La Valeta.

III - Liens entre les sites remarquables et les légendes de Charente occitane

Dans tous les cas, périgourdine ou limousine, la Charente occitane est comme nous venons de voir une terre de bois et de forêts à l'image de l'ensemble de l'Occitanie (à l'exception peut-être de la vallée du Rhône, de la vallée de la Garonne et du pourtour méditerranéen) ; en effet, en Occitanie, les Hommes ont su y respecter et préserver les arbres et la nature face à l'avancée des grandes cultures.

Par conséquent, à l'image de l'ensemble de l'Occitanie encore une fois, mais aussi comme toute région couverte de vastes forêts épaisses, sombres et riches de fontaines et de ruisseaux, la Charente occitane fut une région propice pour que ses habitants imaginent et véhiculent de nombreuses légendes.

Ces légendes sont diverses et font appel tantôt à des esprits maléfiques ou des monstres tels que le Diable, le Loup-Garou, la Mandragore ou encore Ramponneau, tantôt à des esprits bénéfiques tels que des fées ou une sainte chrétienne.

III - Liams entre los sites remarcables e las legendas de Charanta occitana

Dins tots los cases, perigòrda o lemosina, la Charanta occitana es coma zo avèm vist a l'instant, 'na terra de bòsques e forèsts, coma dins tota l'Occitània (a l'excepcion belèu de la valada dau Ròse, de la valada de la Garona e de las costas mediterranèas) ; d'efièch, en Occitània, los òmes i an saugut respectar e preservar los aubres e la natura davant l'avançada de las grandas culturas. De consequéncia, enquèra un còp coma dins tota l'Occitània, mas tanben coma dins tota region cuberta de vastas forèsts prigondas, escuras e richas de fonts e de rigalhons, la Charanta occitana fuguèt 'na region propícia per que sos abitants imaginan e veïculan fòrça legendas.

Quelas legendas son divèrsas e fan apèl daus uns còps a daus maufasents esperits o daus mostres taus que lo Diable, lo Lop-Garol, la Mandragòra o enquèra Ramponò, e daus uns còps a daus benfasents esperits taus que daus fadets o 'na senta crestiana.

Cependant, de manière quasi-systématique, ces légendes se fondent toujours sur un site naturel remarquable constituant une source d'inspiration immense pour les habitants le connaissant.

En effet, les principaux récits légendaires de la Charente occitane montrent à quel point l'originalité d'un site tel qu'une rivière encaissée, un gouffre, une grotte, un rocher, une source… prend une part importante dans la constitution d'une légende.

Parmi ces sites, le massif forestier de la Braconne, au nord d'Angoulême, joue un rôle tout particulier. Plus d'une quinzaine de fosses parsème son relief karstique. Les plus connues sont la Grande Fosse, la Fosse Mobile, la Fosse Limousine (la bien nommée, qui ancre cette forêt dans le monde limousin), la Fosse de l'Ermitage, la Fosse de la Femme Morte (au nom bien intrigant), la Fosse Redon (venant directement de l'occitan redonda, c'est-à-dire ronde), le Trou Qui Fume, la Grotte des Duffaits… Toutes en font un lieu mystérieux, un lieu propice aux récits légendaires, une véritable « Brocéliande charentaise ».

Mentre quelas legendas se fondan quasi sempre sus un remarcable site naturau constituent 'na font d'immensa inspiracion peus abitants que lo coneissen.

D'efièch, los principaus racontes legendaris de Charanta occitana mostran a queu punt l'originalitat d'un site tau qu'una ribièra encaissada, un gorg, 'na gròta, un rochàs, 'na font… pren 'na importanta part dins la constitucion d'una legenda.

Demest queus sites, lo massiu forestièr de la Bracona, au nòrd d'Engolesme, jòga un ròtle tot particular. Mai d'una quinzena de fòssas ondra son relièu de causse. Las mai conegudas son la Granda Fòssa, la Fòssa Mobila, la Fòssa Lemosina (la ben nomenada, qu'afirma quela forèst dins lo monde lemosin), la Fòssa de l'Ermitatge, la Fòssa de la Morta Femna (au nom tant intrigant), la Fòssa Redon (venent dirèctament de l'occitan redonda), lo Cròs Que Fuma, la Gròta daus Fadets… Totas ne'n fan un misteriós luòc, un luòc propici aus legendaris racontes, 'na vertadièra « Broceliande charantesa ».

Ainsi au moins trois légendes ont subsisté dans ce massif côté occitan. Et même si face à cette forêt de 3900ha, l'occitan a trouvé une limite linguistique naturelle, empêchant sa régression plus à l'est, on retrouve de nombreuses légendes également du côté du *parlanjhe* (la langue d'oïl du pays gabaye au nord du Bordelais, du Poitou, d'Aunis, de Saintonge, et de l'ouest Angoumois), parfois semblables, parfois modifiées.

Les célèbres légendes des Fosses du Diable, c'est-à-dire de la Fosse Mobile et de la Grande Fosse, deux lieux où le Diable en personne serait intervenu, existent à l'identique de part et d'autre de cette forêt, dans les deux langues régionales.

Par contre la légende bien connue en *parlanjhe* de la *Langrote verte* (c'est-à-dire du lézard vert) où la fée de la Braconne intervient au village des Rassats, sur la commune de Brie, n'est pas la même que celle de la Grotte des Duffaits, située du côté occitan du massif sur la commune de La Rochette, où des fées de la Braconne se cachaient non loin de ce village …

Plongeons donc à présent dans ces sites légendaires et leurs légendes fantastiques. Nous les suivrons du nord au sud de la Charente occitane, en descendant du Massif central vers le Bassin aquitain.

Aitau au mens tres legendas an subsistit dins queu massiu dau costat occitan. E mai si l'occitan a trobat 'na limita lingüistica naturala davant quela forèst de 3900 ectaras, qu'a empachat sa reculada mai a l'èst, trobam fòrça legendas tanben dau costat dau *parlanjhe* (la lenga d'oïl dau país gabaí au nòrd dau Bordalés, dau Peitau, d'Aunis, de Santonge, e de l'oèst de l'Engolmés), daus uns còps semblablas, daus uns cops modificadas.

Las celèbras legendas de las Fòssas dau Diable, es a dire de la Fòssa Mobila e de la Granda Fòssa, dos luòcs ont lo quite Diable seriá intervengut, existissen parièrament d'un costat e de l'autre de quela forèst, dins las doas lengas regionalas. A l'encontrari la legenda plan coneguda en *parlanjhe* de la *Langrote verte* (es a dire de la rapieta verda) ont lo fadet de la Bracona interven au vilatge daus Rassats, sus la comuna de Bria, es pas la mesma que la de la Gròta daus Fadets, situada dau costat occitan dau massiu sus la comuna de La Rocheta, ont daus fadets de la Bracona se catavan pas luènh de queu vilatge…

Plojam donc aura dins queus sites legendaris e lors fantasticas legendas. Las seguirem dau nòrd au sud de la Charanta occitana, en davalar dau Massiu centrau vèrs lo Bacin aquitan.

IV - Légendes de Charente occitane

1 - La vallée de l'Issoire et la légende de la Mandragore

La légende de la Mandragore a souvent été reprise par écrit, et elle est peut-être devenue ainsi la plus emblématique de la Charente occitane, limousine en particulier ; bien que très connue, il était impossible de ne pas la faire figurer ici, parmi les autres légendes.

Une mandragore est normalement une plante de la famille des solanacées (tabac, tomate, pomme de terre…) que l'on cultivait au Moyen-Âge pour ses vertus, à petite dose, anxiolytiques, soporifiques et calmantes, comme la belladone. Mais tout comme cette dernière, elle devient au contraire hallucinogène à forte dose, voire toxique et mortelle. On la trouve naturellement toujours dans le bassin méditerranéen, mais aussi parfois dans la région, notamment quand un agriculteur laboure son champ. Ce fut vraisemblablement le cas encore récemment, en janvier 2012, dans une petite commune de Charente, au lieu-dit bien nommé le Champ-du-Pendu.

IV - Legendas de Charanta occitana

1 - La valada de la Disseure e la legenda de la Mandragòra

La legenda de la Mandragòra (o daus còps Mandragola) es sovent estada escricha, e belèu es venguda aitau la mai emblematica de la Charanta occitana, lemosina particularament ; maugrat qu'ela sia plan coneguda, quò èra impossible de pas ne'n parlar aicí, demest las autras legendas.

Una mandragòra (o alara daus còps un matagòt dins queu cas) es normalament 'na planta de la familha de las solanacèas (tabat, tomata, pompira…) que se cultivava a l'Edat Mejana per sas vertuts, amb p'ita dòsi, ansioliticas, soporificas e calmantas coma la bèladòna. Mas tot coma quela darrièra, ven a l'encontrari allucinogèna amb fòrta dòsa, e mai toxica e mortala. Se troba naturalament totjorn a l'entorn de la Mediterranèa, mas tanben daus uns còps dins nòstra region, mai-que-mai quand un agricultor laura son champ. Quò fuguesse versemblablament lo cas enquèra recentament, en genièr 2012, dins 'na p'ita comuna de Charanta, au ben nomenat endrech lo Champ dau Penjat.

En effet, les légendes disent habituellement qu'elle pousse au pied d'un arbre où un homme a été pendu. Sa racine peut ressembler à un nourrisson et si l'on s'en occupe comme tel, elle aurait des vertus aphrodisiaques, ou même magiques en donnant prospérité et fécondité au possesseur. Mais lorsqu'on la déracine, elle pousse un cri épouvantable qui peut tuer ceux qui ne se bouchent pas les oreilles.

Dans la vallée de l'Issoire, la Mandragore aurait pris une forme inhabituelle. Les feuillardiers, qui y exploitaient les nombreux taillis de châtaigniers, mais aussi les pâtres, qui gardaient les grands troupeaux de moutons, racontaient qu'on avait pu y croiser dans les temps anciens, une Mandragore de plus de 15m, véritable chimère à tête humaine, corps de lion, ailes de chauve-souris et queue de scorpion. C'était un véritable monstre tant donc par son apparence que par ses actes.

Cette Mandragore terrorisait toute la région, dans toute la vallée de l'Issoire, mais aussi dans la vallée de son petit affluant la Marchadaine, de Saint-Germain-de-Confolens en aval (lieu de la confluence de leurs eaux avec la Vienne),

D'efièch, las legendas disen acostumièrament qu'ela creis au pè d'un aubre, ont un òme es estat penjat. Sa raiç pòt semblar coma un nenet e si òm se'n ocupa coma quò, auriá de las vertuts afrodisiacas, o mai magicas donant prosperitat e fecondat au possessor. Mas quand òm la desraija, fai un espaventós crit que pòt tuar los que se tapan pas las aurelhas.

Dins la valada de la Disseure, la Mandragòra auriá pres 'na rara forma. Los fuelhardièrs, qu'i expleitavan las nombrosas talhadas de chastanhièrs, e tanben los pastres, que gardavan los grands tropèus d'ovelhas, racontavan que s'i aviá pogut crosar, autra vetz, 'na Mandragòra de mai de 15m, vertadièra chimèra a testa umana, còrs de leon, alas de pissarata e coá d'escorpiu. Quò èra un vertadièr mostre per l'aparéncia donc, e tanben peus actes.

Quela Mandragòra terrorisava tota la region, dins la valada de la Disseure, mas tanben dins la valada de son pitit afluent la Marchadène, de Sent German en aval (luòc de la confluéncia de lors aigas amb la Vinhana),

jusqu'à leurs sources aux Monts de Blond en amont (qui forment d'ailleurs le point culminant de la Charente au niveau du Rocher aux Oiseaux à Montrollet, avec 368m). Son repaire se situait en effet en surplomb des deux rivières, sur la butte de Frochet (autre point haut des Monts de Blond à Buissière-Boffy en Haute Vienne avec 341m), où un chaos de rochers en marque toujours le lieu.

Elle ravageait, brûlait, chassait où bon lui semblait et tuait qui elle voulait, hommes, femmes, enfants… Elle épargnait tout au plus les vieillards car elle préférait la chair fraîche.

Un jour, pour limiter ces désastres et ces massacres, les seigneurs de la région décidèrent de parlementer avec la bête. En échange de l'arrêt de ses crimes, la population eut l'obligation de fournir régulièrement à la Mandragore une jeune vierge.

Malheureusement pour lui, un des initiateurs de ce pacte fut directement concerné. Il s'agit du Seigneur de Joncherolles, dont le château se situait tout à côté de la butte de Frochet, en contrebas de la tanière du monstre, dans la paroisse de Buissière-Boffy.

a lors fonts dins los Monts de Blòm en amont (que forman d'alhors lo punt culminant de la Charanta au nivèu dau Rochàs aus Aucèus a Monteirolet amb 348m). Son repaire se situava d'efièch en susplomb de las doas ribièras, suu suquet de Frochet (autre punt culminant daus Monts de Blòm a Bussièra Bòufin en Nauta Vinhana amb 341m), ont un caòs de rochasses ne'n marca sempre lo luòc.

Ela devastava, cramava, chaçava ont li agradava, e tuava que voliá, òmes, femnas, dròlles… Laissava la vida solament aus vielhs, perque preferiá la charn frescha.

Un còp, per limitar queus desastres e queus massacres, los senhors de la region decidigueren de parlamentar amb la béstia. En eschamge de l'arrèst de sos crimes, la populacion aguèt l'obligacion de fornir regularament a la Mandragòra 'na jove vierja.

Malurosament per eu, un daus iniciadors de queu pacte fuguèt concernat dirèctament. Quò èra lo Senhor de Joncheròl, que lo chastèu se situava tot a costat dau suquet de Frochet, en contrabàs de la cròsa dau mostre, dins la paròfia de Bussièra Bòufin.

En effet pour garantir la paix, ce fut au tour de sa propre fille, la belle Alix de Joncherolles, d'être désignée.

Celle-ci se savait aimée du jeune Guyot, un écuyer de Saint-Quentin, hameau de la paroisse voisine de Lesterps. Celui-ci n'était pas présent car parti au service des ducs de Mortemart, une des plus grandes familles du royaume ; néanmoins on alla le prévenir de ce drame annoncé. Ne pouvant se résoudre à la perte de sa bien-aimée, son sang ne fit qu'un tour. Il demanda alors congé à son illustre seigneur, qui compatit à son malheur, le libéra temporairement de son service et lui offrit un armement complet.

Le jeune cavalier chevauchait sur une simple mule mais ne manquait pas de courage. Il alla en premier lieu prévenir sa famille de son brave dessein ; ses proches essayèrent de le retenir mais sa détermination était plus forte et il s'élança sur sa fidèle monture à l'assaut du repaire de la bête.
Malgré cette fougue, le vaillant écuyer demeurait tout de même bien rusé ; une fois chez son ennemi, il privilégia donc, en tout premier lieu, de se cacher pour attendre le moment le plus opportun pour attaquer.

Per garantir quela patz, quò fuguèt d'efièch sa quita filha, la bèla Aliç de Joncheròl, que fuguèt designada.

Quela-qui sabiá qu'èra aimada peu jove Guiòt, un escudièr de Sent Quentin, maine de la paròfia vesina de L'Esterp. Queu-qui èra pas lai car partit au servici daus ducs de Mòrta Mar, 'na de las mai grandas familhas dau reiaume ; pasmens òm anèt lo prevenir de queu drama anonciat. Coma podiá pas acceptar la pèrda de sa mia, reagiguèt còp sec de ràbia. Demandèt alara un comjat a son illustre senhor, que compatiguèt a son malur, lo liberèt temporàriament de son servici e li ofrit un complet armament.

Lo jove cavalièr chavauchava sus 'na simpla muòla mas mancava pas de coratge. Anèt d'en prumièr prevenir sa familha de son brave projècte ; los seus ensageren de lo reténer mas sa determinacion èra mai fòrta e eu se lancèt sus sa fidèla montadura a l'assaut dau repaire de la béstia.
Maugrat quela fòga, lo valent escudièr demorava totparièr plan desgordit ; 'na vetz chas son enemic, privilegit donc, d'en prumièr, de se catar e espèrar lo moment lo mai oportun per atacar.

Le monstre, quant à lui, se frottait les mains, attendant impatiemment que les villageois lui mènent la jeune victime désignée. Ils arrivèrent enfin, deux jours plus tard, tant craintifs que satisfaits d'avoir une si belle jeune fille à présenter à la Mandragore.

Alors celle-ci se jeta sur cette innocente victime, mais dans l'empressement qui fut le sien, elle omit de surveiller ses arrières. C'est le moment que choisite Guyot pour surgir et surprendre la bête dans son dos. La lutte s'annonçait rude, mais Guyot, animé par une volonté démesurée de sauver la jeune Alix, frappa la Mandragore et la blessa grièvement. La Mandragore chancela, mais put néanmoins s'envoler et s'enfuir dans les cieux. Cependant ceci n'était pas suffisant pour notre brave combattant ; il décida de la pourchasser et de ne lui laisser nul répit. Sa traque dura trois jours et le mena à Esse ; il y trouva la bête, lasse et blessée, qui essayait de reprendre ses forces.

Alors Guyot prit une dernière fois son élan, tapant fort sur les flancs de sa pauvre mule. Celle-ci prit un tel appui que ses sabots marquèrent à jamais la roche au lieu-dit bien nommé le Pas-de-la-Mule, non loin du village d'Esse.

De son costat, lo mostre se fretava las mans, espèrant impacientament que los vilatjauds li menan la jove victima designada. Arriberen en fin, aprèp dos jorns, tan crentoses coma satisfasents d'aver 'na tan bèla jove filha per la presentar a la Mandragòra.

Alara quela-qui se getava sus quela innocenta victima, mas amb l'apréissament qu'ela aguèt, ometèt de susvelhar darrièr ela. Guiòt chausiguèt queu moment per sorgir e susprenguèt la béstia dins l'eschina. La lucha s'anonciava ruda, mas Guiòt, animat per 'na volontat desmesurada de sauvar la jove Aliç, tustèt la Mandragòra e la blassèt grèvament. La Mandragòra bantegèt, mas poguèt s'envolar pasmens e s'enfugir dins los cèus. Quò èra mentre pas sufisent per nòstre brave combatent ; decidiguèt de l'asseitar e de li laissar pas deguna pausa. Sa traca durèt tres jorns e lo menèt a Essa ; eu i trobèt la béstia, lassa e blassada, qu'ensajava de tornar préner sas fòrças.

Alara Guiòt prenguèt son lanç 'na darrièra vetz, picant fòrtament los costats de sa paubra muòla. Quela-qui prenguèt 'na tala apoja que sas sabatas marqueren per totjorn la ròcha au luòc dich lo Pas de la Muòla, pas luènh dau vilatge d'Essa.

Le bond immense que fit l'animal, permit à Guyot d'atteindre sa cible et de porter le coup de grâce ; la Mandragore s'envola dans un dernier soupir car, mortellement touchée cette fois-ci, elle finit sa course dans l'étang de l'Eaupéride (ou plus maladroitement de l'Opéride ou de Lo Péride), à la limite des paroisses de Lesterps et Buissière-Boffy, où elle périt. La paix revint ainsi dans les vallées de l'Issoire et de la Marchadaine.

On fit par la suite enterrer la Mandragore sous le tumulus du Dognon dans la paroisse de Lesterps.

Quant à Guyot, pour son immense bravoure, il fut célébré par la population en véritable héros et fut adoubé par le Duc de Mortemart. Il demanda alors la main d'Alix de Joncherolles ; son père, le Seigneur de Joncherolles, accepta et Guyot put ainsi l'épouser.

Ce récit d'abord véhiculé oralement par maints bergers et feuillardiers, a été repris ensuite à l'écrit par de nombreux auteurs qui en proposèrent différentes variantes, dont notamment celle de Guy de Villelume, mais aussi celle de Paule Lavergne, une auteure bien célèbre en Limousin.

L'immense bond que faguèt l'animau, permetèt a Guiòt d'arrapar sa buta e de balhar l'ultime còp ; la Mandragòra s'envolèt dins un darrièr bufe car, mortalament atenguda quela vetz, finiguèt sa corsa dins l'estanh de l'Aiga Perida (o mai maladrechament de l'Operida o de Lo Perida), a la limita de las paròfias de L'Esterp e Bussièra Bòufin, ont periguèt. La patz revenguèt aitau dins las valadas de la Disseure e de la Marchadène.

Puèi òm faguèt enterrar la Mandragòra jos lo tumulus dau Dognon dins la paròfia de L'Esterp. E nòstre Guiòt, per son immensa bravor, fuguèt celebrat per la populacion en vertadièr eròi e fuguèt fach chivalièr peu Duc de Mòrta Mar. Demandèt alara la man d'Aliç de Joncheròl ; son pair, lo Senhor de Joncheròl, acceptèt e aitau Guiòt poguèt l'esposar.

Queu raconte veïculat d'en prumièr oralament per fòrça ovelhièrs e fuelhardièrs, es estat escrich puèi per fòrça autors, que ne'n perpauseren diferentas variantas, amb principalament la de Gui̠ de Villelume, mas tanben la de Paula Lavernha, 'na tan celèbra autora en Lemosin.

Ce n'est d'ailleurs pas la seule femme auteure de langue limousine dans la région ; elles ont toujours pris une place importante dans la rédaction des contes en dialecte limousin, à l'image aussi de la grande Marcelle Delpastre, et de tant d'autres femmes écrivains encore.

Mais est-ce vraiment une légende ou un récit historique ?

On peut certes douter qu'un tel monstre ait existé. Par contre, une famille Guiot du Dognon, seigneurs de Saint-Quentin de Lesterps, aurait réellement existé, devenant propriétaire en 1651 du manoir du Dognon, situé à proximité du tumulus du même nom. Ne serait-ce donc pas les descendants du jeune chevalier... coïncidence troublante en tout cas.

Non loin, un sentier de grande randonnée, appelé justement *GR de Pays de la Mandragore*, a été aménagé sur 88.5 km, autour de l'Issoire, de la Marchadaine mais aussi de Buissière-Boffy, commune limitrophe de Haute-Vienne, pour découvrir l'ensemble de ces sites légendaires (butte de Frochet, château de Joncherolles, tumulus du Dognon, Pas-de-la-Mule ou encore étang de l'Eaupéride).

Quò es pas d'alhors la sola femna autora de lenga lemosina dins la region ; sempre 'las an pres 'na importanta plaça dins la redaccion de las nhòrlas en dialècte occitan lemosin, coma tanben la granda Marcèla Delpastre, o beucòp d'autras femnas escrivanas enquèra.

Mas quò es vertadièrament 'na legenda o un raconte istòric ?

Podèm segur dobtar qu'un tau mostre àia existit. Per contra, 'na familha Guiòt dau Dognon, senhors de Sent Quentin de L'Esterp, auriá vertadièrament existit, venent proprietari en 1651 dau maine dau Dognon, situat a proximitat dau tumulus dau mesme nom. Quò podriá belèu ben èstre la linhada dau jove chivalièr… trebolanta coïncidéncia en tot cas.

Pas luènh, 'na senda de granda pradelada, nomenada justament *GR de País de la Mandragòra,* es estada amainatjada sus 88.5 qm, a l'entorn de la Disseure, de la Marchadene mas tanben de Bussièra Bòufin, comuna limitròfa de Nauta Vinhana, per descubrir l'ensemble de queus sites legendaris (suquet de Frochet, chastèu de Joncheròl, tumulus dau Dognon, Pas de la Muòla o enquèra estanh de l'Aiga Perida).

Pour les moins sportifs, un chemin plus court de 3 km de PR (promenade et randonnée, ou petite randonnée) appelé *Sur les traces de la Mandragore* propose de faire découvrir tout de même la butte de Frochet à Bussière-Boffy.

Enfin un autre petit chemin, le sentier *Paule Lavergne,* de 8 km cette fois, a été aménagé à Esse le long de la vallée de l'Issoire pour permettre aux visiteurs d'arpenter ce site de légende, tout en rendant hommage à cette auteure emblématique.

Peus mens esportius, un chamin mai cort de 3 qm de PR (p'ita pradelada), nomenat *Sus las traças de la Mandragòra*, perpausa de far descubrir totparièr lo suquet de Frochet a Bussièra Bòufin.

En fin, un autre charreiron, lo sendarèu Paula Lavernha, de 8 qm quela vetz, es estat amainatjat a Essa de long de la valada de la Disseure per permetre aus visitaires d'arpentar queu site legendari, en rendre tanben omenatge a quela emblematica autora.

Vallée de l'Issoire / Valada de la Disseure

**Vallée du Son à Cellefrouin/
Valada dau Son a Cela Froïn**

2 - La légende du Loup-Garou de la vallée du Son

La région située aux confins de la Charente, la Vienne, la Haute-Vienne et la Dordogne est la dernière de France à avoir compté des loups, les derniers loups français y ayant été tués ici entre 1930 et 1940. On le comprend aisément quand on voit le désert qui règne autour des bois des Monts de Blond, du Nontronnais et du Confolentais. Cette présence tardive est certainement à l'origine de légendes persistantes de loups-garous notamment dans la région jusque dans les années 1950.

Ces bêtes avaient la réputation de ressembler à des hommes en plein jour ; cela pouvait être un voisin, un cousin, un gendarme, le médecin du village… qui sais-je encore ? Mais les nuits, de pleine lune en particulier, ceux-ci se transformaient en une bête mi-homme mi-loup, allant chasser dans les bois et terrifiant les habitants de leurs griffes acérées, de leurs crocs aiguisés et de leurs hurlements animaux, parfois s'attaquant aux chiens pour les manger, parfois s'attaquant à eux pour faire taire leurs aboiements.

2 - La legenda dau Lop-Garol de la valada dau Son

La region situada a las bòrnas de la Charanta, la Vinhana, la Nauta Vinhana e la Dordonha es la darrièra region de França qu'a comptat daus lops, perque los darrièrs lops franceses son estats tuats lai entre 1930 e 1940. Quò zo entend ben, quand òm veu lo desèrt que regna a l'entorn daus bòsques daus Monts de Blòm, dau Nontronés, e dau Confolentés. Quela tardiva preséncia es segurament a l'origina de legendas de lops-garols persitentas mai-que-mai dins la region jusc'a las annadas 1950.

Quelas béstias avián la reputacion de semblar daus òmes de plen jorn ; quò podiá èstre un vesin, un cosin, un gendarme, lo metge dau vilatge… qué sabe enquèra ? Mas las nuèches, de plena luna particularament, queus-qui se transformavan en 'na béstia meitat òme meitat lop, anant chaçar dins los bòsques e espaurent los abitants amb lors acieradas arpas, lors agusats cròcs e lors bestiaus brames, daus uns còps s'atacant aus chèns per los minjar, daus uns còps s'atacant a eus per far taiser lors japaments.

On raconte justement qu'il y en eut un qui rôdait le long de la vallée du Son. Entre 1880 et 1900, le père de l'étude de la phonétique en Charente, l'abbé Rousselot, a en effet recueilli plusieurs témoignages allant dans ce sens et participant à la persévérance de cette légende. Ainsi, il restitue dans son livre *Modifications phonétiques du langage dans le patois d'une famille de Cellefrouin*, ce que lui conta un habitant de Cellefrouin, village situé en aval du Son ; son propre oncle aurait croisé puis capturé un loup-garou :

« [On préfère] dire qu'il n'y a pas de loups-garous. Pourtant j'ai souvent entendu [de mon] défunt [...] oncle, le frère de mon pauvre père, qu'il en avait vu un une fois.
Il avait passé la veillée au Temple, chez le vieux Bérisset défunt. Le temps ne dure pas [...] pendant qu'on s'amuse. C'était pas bien loin de minuit quand il songea à s'en aller.

« - Ah ! Mon pauvre Garnaud, ne t'en va pas, tu aurais peur », [...] lui dit [...] Coutillaud [...].

- Sacré mille nom d'un foutre ! Est-ce toi qui me feras peur ?... »

Se raconta justament que n'i aviá un que rodava de long de la valada dau Son. Entre 1880 e 1900, lo pair de l'estudi de la fonetica en Charanta, l'abat Rocelòt, a reculhit d'efièch mai d'un testimoniatge anant dins queu sens e participant a la persevèrança de quela legenda. Aitau, eu restituís dins son libre *Modificacions foneticas de la parladura dins lo patés d'una familha dau Cela Froïn*, çò que li conta un abitant de Cela Froïn, vilatge situat en aval dau Son ; son quite oncle auriá crosat pùei pinçat un lop-garol :

« Eus vòlen dire que quò n'a pas de lops-garols. Pertant ieu ai sovent entendut dire a defunt mon oncle, lo frair de mon paubre pair, qu'eu ne'n aviá vut un una vetz.

Eu aviá passat la velhada au Temple, chas lo vielh Berisse defunt. Lo temps ne dura pas tant qu'òm s'amusa. Quò èra ben pas luènh de mianuèch quand eu songit a se'n 'nar.

« - Ah ! Mon paubre Garna, ne te'n vas pas, tu auriás paur », que li dissite Cotilha.

- Sacre mil nom d'un fotre ? Es-quò te que me faràs paur ? ...

Et il s'en alla. [Alors] qu'il fut [sur] le chemin du puits [sous] un grand noyer, il sentit quelque chose qui lui sauta sur les deux épaules.

« - Ah ! C'est toi, joli garçon, qui es ici ; si tu reviens, gare à toi ! »

L'autre s'en alla en riant. Il continua son chemin jusqu'au puits de Chez-Vérinaud. Il passa sous un noyer encore ; et l'autre lui ressauta [dessus].

« - Ah ! Mon gars ! Te voici pour [la] deuxième [fois] ; si tu y retournes, je te promets que tu le paieras. »

[Alors] qu'il arriva entre Chez-Verinaud et La Chapelle, au droit d'un petit chemin qui descendait du bois : « - Ah ! Ce sera bien ici que tu viendras mon lièvre ! Et je te pincerai. Si je puis te prendre dans mes tenailles, tu n'en sortiras pas, tiens ! » Il s'accroupit, comme s'il avait eu envie de faire quelque chose.

L'autre dit : « - Je le vois ici accroupi. Il aura bien peur cette fois. »

E eu se'n anguit. Tant qu'eu fu'it dins lo chamin dau potz, dejós un grand nogièr, eu sentit quauqua chausa que li sautit sus las doas espa'las.

« - Ah ! Quò es te, joli garçon, qu'es 'qui ? Si tu reven', gar'a te !

L'autre s'en anguit en ri'ent. Eu contunhit son chamin jusc'au potz de Chas Verina. Eu passite dejós un nogièr enquèra ; e l'autre li ressautit.

« - Ah ! Mon gars ! Te veiqui per lo dosesme còp. Si tu zi retorn', ieu te prome' que tu zo pai'ràs.

Tant qu'arribit entre Chas-Verina e la Chapèla, a l'adreit d'un pitit chamin que descendava dau bòsc : « - Ah ! Quò serà ben per 'qui que tu vendràs, mon lèbre ! E ieu te pinç'ràs. Si ieu pò' te prendre dins mas tenalhas, tu ne'n sortiràs pas, ten ! » Eu s'agro'it coma si aviá agut enve'a de far quauqua chausa.

L'autre dissite : « - Lo vesi 'qui agro'at. Eu aurà ben paur queu còp. »

Mais il se tenait sur ses gardes : il avait ses deux mains de chaque côté de ses épaules, comme ça ; et il l'empoigna par les deux pattes de devant.

« - Ah ! Mon pauvre Garnaud, lâche-moi donc, la grâce que je te demande.

- Ah ! Oui, tiens ! Je te lâcherai. Attends un peu. [Il] y a là bas, à la Chapelle, de la clarté ; tiens vois-tu ? Ils ne sont pas encore couchés. Je vais t'y porter, et nous verrons comme tu es joli garçon.

- Ah ! Mon pauvre Garnaud, pour l'amour du bon Dieu, lâche-moi.

- Non, non ! C'est inutile. »

Il voulut bien [se débattre] un peu ; mais il se sentit [...] plus serré, et il ne bougea plus.
[Alors] qu'ils furent à la porte : « - Alors, aie pitié de moi. Fais-moi donc sortir seulement une goutte de sang, tu me rendras bien service.

- Cela n'est pas à dire ici. Il faut que je te voie. »

Il rentre et le porte à la chandelle. [Aberration]!

Mas eu se tenava sus sas gardas : eu aviá sas doas mans de chasque costat de sas espa'las, coma quò ; e eu l'empunhit per las doas pautas de devent.

« - Ah mon paubre Garna, lacha me don', la graça qu'ieu te demande.

- Ah ! Òc, ten ! Ieu te lach'rai. Atend un pitit pauc. Quò i a alai, a la Chapèla, de la clàrdat ; ten ! Ves'-tu ? Eus ne son pas enquèra coijats. Ieu vau t'i pòrtar, e òm veirà coma tu es joli garçon.

- Ah ! Mon paubre Garna, per l'amor dau bon Dieu, lacha me.

- Non, non ! Quò es inutil ! »

Eu vouguit ben gigonhar un pitit pauc ; mas eu se sentit mai sarrat, e eu ne bojit pus.
Tant qu'eus fu'iren a la pòrta : « - Al'a, àia pietat de me. Fai-me don' sortir so'ment un gota de sang, tu me rendràs servici.

« - Ò n'es pas 'qui a dire. Quò fau qu'ieu te veja »

Eu rintre e lo porta a la chandèla. [Aberracion]!

Comme ça était vilain ! Ils ne savaient pas ce que ça semblait. Il le jeta par terre. [Il] ressemblait à une bête.

Il se [redressa] tout seul. [Alors] il le reconnut, et il dit : « - Je me suis pas trompé, c'est bien toi. »

C'est bien souvent que mon pauvre oncle me l'a raconté. Mais à présent, ça ne [...] paraît pas qu'[il y] ait [des] loups-garous. Je ne sais pas pourquoi. »

Ces propos ont été très peu retouchés par rapport à la traduction de l'occitan qu'avait faite l'abbé Rousselot lui-même. Un autre de ses récits, assez similaire, met en avant qu'un habitant de La Péruse, village situé en amont du Son cette fois-ci, aurait rapporté qu'un voisin aurait vu également un loup-garou.

Dans le récit de Cellefrouin comme dans celui de La Péruse, les propos s'accordent donc à dire qu'une telle bête aurait vécu et agi le long de ce petit cours d'eau.

Etait-ce la vérité ? Personne ne put le vérifier. Si oui, y a-t-il toujours un loup-garou dans la vallée du Son ?

Coma quò èra vilan ! Eus ne sabián pas çò qu'ò semblava. Eu lo gitit per terra. Quò semblava ad una béstia.
Eu se desplegit tot sol. E eu lo coneguit, e eu dissite : « - Ieu me soi pas trompat. Quò es ben te. »

Quò es plan sovent que mon paubre oncle me ò a racontat. Mas a present, quò ne pareis pas que quò àia de lops-garols. Ieu ne sabe pas perqué. »

Quelas paraulas son estadas revisadas plan pauc au regard de las paraulas reculhidas per l'abat Rocelòt se-mesma (aitau son estats conservats daus preterits en *it* e pas *èt* peus vèrbes en *ar*, *er* e *re*, e daus imperfaits en *ava* e pas *iá* peus vèrbes en *ir*, *er* e *re*). Pro semblar, un autre de sos racontes revela qu'un abitant de La Peirusa, vilatge d'amont dau Son queu còp, auriá dich qu'un vesin auriá vist tanben un lop-garol.

Dins lo raconte de Cela Froïn coma dins lo de La Peirusa, los perpaus s'acordan donc a dire qu'una tala béstia auriá viscut e agit de long de quela p'ita ribièra.
Èra quò la vertat ? Degun poguèt pas zo verificar. Si quò es vèrai, avèm nos totjorn un lop-garol dins la valada dau Son ?

Souvent, ce type de récits avait néanmoins pour origine des supercheries orchestrées par des personnes malintentionnées ; un homme, qui voulait terrifier les paysans et les éloigner d'une entreprise malhonnête de contrebande ou de braconnage, endossait une peau d'animal pour se faire passer, de nuit, par temps clair, pour une telle monstrueuse bête.

Cependant, dans le cas présent, quand on se promène dans les bois du Confolentais ou le long de cette vallée du Son, dans le doute, prudence il vaut mieux garder…

Enfin il est intéressant de remarquer que le récit de Cellefrouin met également en lumière la présence, sur la commune, d'un lieu-dit le Temple à proximité d'un autre lieu-dit la Chapelle ; ceci n'est pas très étonnant, car même si en Charente occitane, on est en terre catholique et peu sous l'influence des deux grandes places de sûreté protestantes proches que sont Bergerac et Cognac, quelques communautés huguenotes s'étaient tout de même développées ici et là.

Sovent, queu tipe de racontes aviá pasmens per origina de las enganas orquestradas per de la malintencionada gent ; un òme, que voliá espaurir los païsans e los alonhar d'una malonèsta entrepresa de contrabanda o de braconatge, endorsava 'na pèu d'animau per se far passar, de nuech, amb 'na luna clara, per 'na tala mostrosa béstia.

Mentre, dins queu cas, quand òm se passeja dins los bòsques dau Confolentés o de long de la valada dau Son, dins lo dobte, vau mièlhs gardar la prudéncia…

En fin quò es interessant de remarcar que lo raconte de Cela Froïn revela egalament la preséncia, sus la comuna, d'un luòc dich lo Temple, a proximitat d'un autre luòc dich la Chapèla ; quò-qui es pas plan estonant, perque, mai si la Charanta occitana es 'na terra catolica e pauc jos l'influéncia de las doas grandas plaças vesinas de seguretat protestanta de Brageirac e Cognat, quauquas comunautats uganaudas s'èran totparièr desvelopadas çai e lai.

D'ailleurs c'est en Charente périgourdine, près d'Aubeterre-sur-Dronne, sur la commune de Nabinaud, au lieu-dit Poltrot, que le jeune seigneur huguenot Jehan de Poltrot de Méré a grandi dans le château familial ; l'histoire a retenu qu'il assassina en 1563 le Duc de Guise, chef de la ligue catholique, au cours des guerres de religion. En représailles il fut écartelé et son château rasé. Seule une base de loisirs bien agréable y a paisiblement pris place à présent, en bordure de Dronne.

D'alhors quò es en Charanta perigòrda, prèp d'Aubaterra sus Drona, au luòc dich Poltròt, sus la comuna de Nabinau, que lo jove senhor uganaud Johan de Poltròt de Mere a creissut dins lo chastèu familiau ; l'istòria a retengut qu'eu assassinèt en 1563 lo Duc de Guise, chap de la liga catolica, pendent las guèrras de religion. Per represalha eu fuguèt escartairat e son chastèu rasat. Aura sola 'na plan agradiva basa de léser i a pres plaça pasiblament au bòrd de la Drona.

3 - La Grande Fosse et la légende du Fagot du Diable

La Grande Fosse, véritable doline d'effondrement karstique au sens géologique, de 55m de profondeur et 200m de diamètre, est le plus grand des gouffres de la forêt de la Braconne, forêt domaniale s'étendant au nord d'Angoulême. Cette dernière est classée Natura 2000 en raison de sa richesse floristique de fôret calcicole sud-atlantique, et la Grande Fosse est elle-même un site classé.

Au Moyen-Âge, les habitants de la paroisse d'Agris toute proche craignaient cette fosse en raison de sa profondeur. On raconte qu'un jour ces mêmes habitants voulurent la combler. Lors d'une soirée de veillée hivernale, l'un d'entre eux, dénommé Marcel, trouvant la tâche immense et le projet stupide, lança aux autres villageois : « Vous n'y arriverez jamais mes pauvres, autant demander l'aide du Démon ».

3 - La Granda Fòssa e la legenda dau Fagòt dau Diable

La Granda Fòssa, vertadièra cubeta d'afondrament caussinard au sens geologic, de 55m de prigondor e 250m de diamètre, es lo mai grand gorg de la forèst de la Bracona, forèst domeniala s'espandent au nord d'Engolesme. Quela darrièra es classada Natura 2000 per sa richesa florala de forèst calcicòla sudatlantica, e la Granda Fòssa es 'la-mesma un site classat.

A l'Edat Mejana, los abitants de la paròfia d'Agris tota vesina crentavan quela fòssa per la rason de sa prigondor. Racontam qu'un jorn queus mesmes abitants vougueren la comblar. Lo temps d'una sèrada de velhada d'ivèrn, l'un d'eus, nomenat Marcèu, trobant que l'òbra èra immensa e lo projècte tabanard, getèt aus autres vilatjauds : « Mos paubres, i reüssiretz pas jamai, tant quèrre l'ajuda dau Demòni. »

Malheureusement, en cette nuit où déjà la brume épaisse provoquait un clair-obscur inquiétant, le principal intéressé, le Diable en personne, se manifesta sur le champ et proposa son aide aux habitants en échange de leur âme. Le conseil du village se réunit alors et l'envie de combler cette fosse tant profonde qu'effrayante l'emporta ; ils acceptèrent. Marcel qui était contre ce marché mais à l'origine de la venue de cet hôte sinistre et peu recommandable, voulut tout de même ajouter une condition : « Le travail devra être achevé avant le premier chant d'un coq ». Le Diable sentant la chose tout à fait à sa portée accepta et se hâta de commencer sa besogne. Les heures passant, il accumula un immense tas de terre et de pierres au centre de la Grande Fosse. Mais soudain, alors que son œuvre était déjà bien avancée, tout comme la nuit, un coq se mit à chanter. Le Diable avait perdu ! Et sous les rires des villageois, il se sentit trompé.

On ne sut jamais si c'était Marcel en désaccord avec ce triste marché qui poussa son coq à chanter, ou bien comme la région comptait de nombreux coqs très bons chanteurs, si l'un de ces gallinacées voulut briller ce jour-là plus que tout autre.

Malurosament, quela nuèch ont l'espessa bruma provocava un engoissós clar-e-brun, lo magèr protagonista, lo quite Diable, se manifestèt tanlèu e perpausèt son ajuda aus abitants contra l'eschamge de lor arma. Lo conselh dau vilatge alara s'achampèt e l'enveja de comblar quela fòssa, tan prigonda coma esfredanta, l'emportèt ; accepteren. Marcèu qu'èra contra queu merchat mas a l'origina de la venguda de queu sinistre e pauc recomandable òste, vouguèt totparièr apondre 'na condicion : « Lo trabalh devrà èstre 'chabat avant lo prumièr chant d'un jau ». Lo Diable sentent la chausa completament fasabla, acceptèt e se despachèt de començar sa besonha. Per a mesura que las oras passavan, eu acomolèt un immense clapàs au centre de la Granda Fòssa. Mas subran, mentre que son òbra èra ja plan avançada, tot coma la nuèch, un jau se botèt a chantar. Lo Diable aviá perdut ! E en auvir los rires daus vilatjauds, se sentiguèt enganat !

Se saubèt pas jamai si quò èra Marcèu en desacòrdi amb queu triste merchat qu'incitèt son jau a chantar, o, coma la region comptava fòrça jaus plan bons chantaires, si l'un de queus gallinacèus vouguèt brilhar queu jorn lai mai que tot autre.

En tout cas, pour le Démon, cela ne faisait aucun doute, et par vengeance, il changea Marcel en coq : « Tu chanteras jour et nuit comme bon te semble maintenant, ah, ah, ah… », lui lança-t-il avant de disparaître.

Le travail du Diable, lui, reste toujours visible ; il forme une petite butte qui trône au centre de la Grande Fosse aujourd'hui encore et que l'on nomme *Fagot du Diable* ou *Hotte du Diable*.

De même, la *Pierre Ceinturée*, roche christianisée et marquée d'une croix, située à Glange, aurait été laissée sur place par le Démon surpris en plein travail par le cocorico un peu trop matinal ; en effet dans cette roche deux creux et un sillon apparents seraient les marques laissées par les *Epaules du Diable* et la *Chaîne du Diable* dont se servit Satan pour accomplir sa tâche…

Un petit chemin de randonnée appelé *Sentier des Fosses du Diable* a été aménagé en forêt de Braconne pour découvrir ce site mais aussi la Fosse Mobile, où l'on prétend que le diable est également intervenu dans une autre de ses mésaventures, que nous allons à présent conter.

En tot cas, peu Demòni, quò fasiá pas degun dobte, e de venjança, chambièt Marcèu en jau : « Chantaràs tots los jorns e totas las nuèches coma t'agrada aura, ah, ah, ah... », çò li getèt avant de disparéisser.

Lo trabalh dau Diable demora sempre visible ; forma un clapàs que trona au centre de la Granda Fòssa anuèch enquèra e que nomenam *Fagòt dau Diable* o *Gorbilha dau Diable.*
Parelhament, la *Peira Centurada*, ròcha cristianisada e marcada d'una crotz, situada a Glanja, seriá estada laissada sus plaça peu Demòni suspres en plen trabalh peu cacaracà un pauc tròp matinièr ; d'efièch dins quela ròcha doas croses e un selhon aparents serián las marcas laissadas per las *Espatlas dau Diable* e la *Chadena dau Diable* que se serviguèt Satan per acomplir sa tascha...

Un charreiron de pradelada nomenat *Sendarèu de las Fòssas dau Diable* es estat amainatjat dins la forèst de la Bracona per descubrir queu site mas tanben la Fòssa Mobila, ont se pretend que lo Diable es tanben intervengut dins 'na autra de sas malaventuras, que 'nèm contar aura.

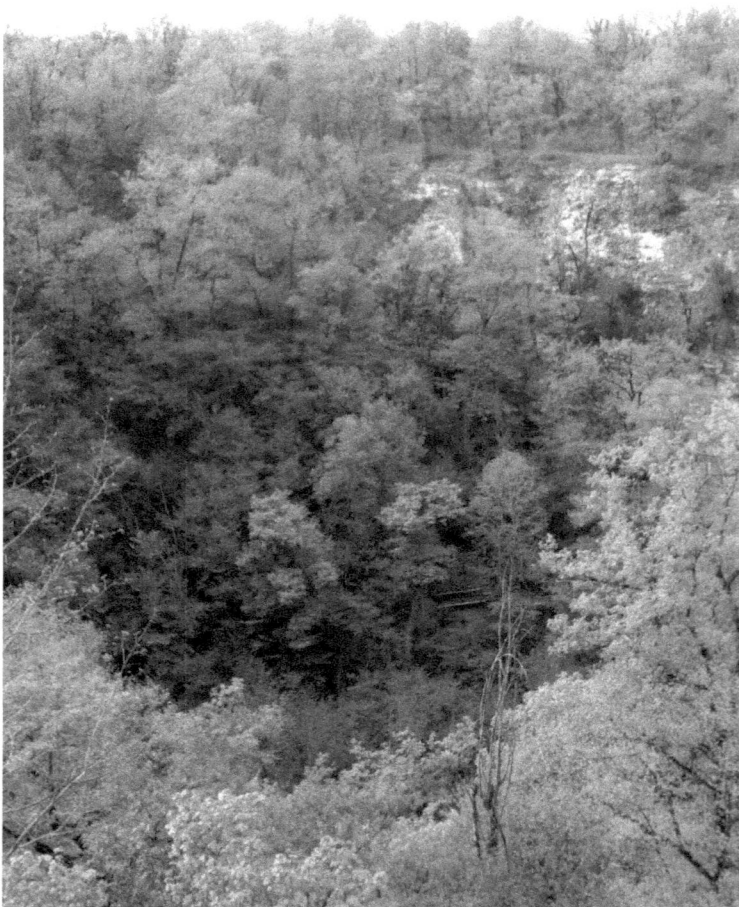

**Gouffre de la Grande Fosse dans la Braconne /
Gorg de la Granda Fòssa dins la Bracona**

**Bouche d'entrée de la Fosse Mobile dans la Braconne/
Gòrja d'intrada de la Fòssa Mobila dins la Bracona**

4 - La Fosse Mobile et sa légende

La Fosse Mobile est un aven au sens géologique, situé comme la précédente fosse dans le karst de La Rochefoucauld et la forêt de la Braconne. En fonction des précipitations, les niveaux d'eau peuvent y varier considérablement, ce qui est à l'origine de son nom. Pendant longtemps, on a soupçonné également l'existence d'un lac souterrain qui aurait été responsable de ces variations mais la prospection géologique du secteur a démontré qu'il n'en était rien.

Ces fluctuations et ce côté instable de la Fosse Mobile sont aussi à l'origine d'une légende très ancienne…

Jadis, un jeune homme, las de subir les coups de son père que l'excès d'alcool rendait violent, décida un jour d'en finir avec ce dernier. Il attendit que la nuit tombât et que son père allât se coucher pour commettre l'un des pires crimes qui soit : un parricide. Il décida d'emporter son corps dans la forêt de la Braconne toute proche et de s'en débarrasser dans une des nombreuses cavités qu'elle comprend. Il arriva devant une fosse et, au moment où il voulut jeter le corps de son père, la bouche de la fosse se déroba en s'éloignant de dix mètres en arrière.

4 - La Fòssa Mobila e sa legenda

La Fòssa Mobila es un avenc au sens geologic, situat dins lo causse de La Ròcha Focaud e la forèst de la Bracona coma la precedenta fòssa. Segon las precipitacions, los nivèus d'aiga i pòden variar considèrablament, çò qu'es a l'origina de son nom. Pendent longtemps, s'a sospeitat tanben que l'existéncia d'un lac sosterranh seriá estat reponsable de quelas variacions mas la prospeccion geologica dau sector a demostrat qu'eu existissiá pas.
Quelas fluctuacions e queu costat instable de la Fòssa Mobila son tanben a l'origina d'una plan anciana legenda…

Autra vetz, un jove òme, las d'endurar los còps de son pair que l'excés d'alcoòl rendiá violent, decidiguèt un jorn de 'chabar queu-qui. A jorn falit, eu esperèt que son pair anesse se coijar per cometre l'un daus piègers crimes : un parricidi. Decidiguèt d'emportar son còrs dins la forèst de la Bracona tota vesina e de se'n desbarrassar dins 'na de las nombrosas cabòrnas qu'ela compta. Arribèt davant 'na fòssa e, au moment que vouguèt getar lo còrs de son pair, la gòrja de la fòssa se raubèt en s'alunhar dietz mètres darrièr.

Alors le jeune homme s'avança et prit encore une fois son élan, mais surprise, l'entrée recula à nouveau de dix mètres. La scène se répéta ainsi pendant plusieurs heures. Exténué, le jeune homme s'effondra au pied d'un vénérable chêne.

Le lendemain, reprenant ses esprits, le fils pensa que c'était un signe du destin : la grotte refusait de prendre part à son terrible crime ; le jeune homme retrouva alors la raison et décida d'aller avouer son parricide aux gens d'armes de La Rochefoucauld. Celui-ci disait-il vrai ou, dans un état second suite au meurtre de son père, avait-il eu des hallucinations ? Qu'importe ! La légende était née… mais par quelle magie la grotte se serait-elle ainsi dérobée aux assauts du jeune homme ? Etait-ce alors l'œuvre du Diable en personne ?

Personne n'en aurait été surpris ; en effet, le Diable aurait pu vouloir se venger de l'assassinat de ce père ignoble et malfaisant, entièrement acquis à sa cause et véritable suppôt de Satan. Cela paraissait d'autant plus probable que l'on soupçonnait depuis longtemps le Diable d'habiter dans cette grotte, d'ailleurs appelée encore de nos jours, avec la Grande Fosse, les *Fosses du Diable*.

Alara lo goiat s'avancèt e prenguèt enquèra un còp son lanç, mas suspresa, l'intrada reculèt de nuòu de dietz mètres. La scèna se repetèt aitau pendent plusors oras. Abracat, lo goiat s'afondrèt au pè d'un venèrable jarric.

L'endeman, lo filh tornèt préner sos esperits e pensèt que quò èra un signe de la destinada ; la gròta refusava de préner part a son terrible crime ; lo jove òme tornèt trobar alara la rason e decidiguèt d'anar confessar son parricidi aus gendarmes de La Ròcha Focaud. Queu-qui disiát-t-eu la vertat o, dins un estat anormau aprèp lo murtre de son pair, aviá agut de las allucinacions ? Rai ! La legenda èra nascuda… mas per quela magia la gròta se seriá raubada aitau aus assauts dau goiat ? Èra quò alara l'òbra dau Diable se-mesma ?

Degun ne'n seriá pas estat suspres ; d'efièch, lo Diable auriá pogut voler se venjar dau murtre de quel ignòble e maufasent pair, entièrament aquist a sa causa e vertadièr supòst de Satan. Quò-lai pareissiá tan mai probable que se sospeitava dempuèi longtemps que lo Diable abitava dins quela gròta, d'alhors enquèra a l'ora d'aura nomenada, amb la Granda Fòssa, las *Fòssas dau Diable*.

Par ailleurs, on raconte qu'un soir de frairie, c'est-à-dire de fête votive, à Agris, une jeune fille de la paroisse, prénommée Yvette (ou *l'Yvette* par ses connaissances), voulut se rendre au bal. Le père refusa la requête de sa fille, mais celle-ci attendit la nuit pour tout de même s'y rendre : « Je désire tellement aller à la fête que je serais prête à danser avec le Diable s'il faut ! », s'amusa-t-elle en passant par la fenêtre de sa chambre.

Au bal, elle dansa une bonne partie de la nuit avec de nombreux beaux jeunes hommes de la région. Maligne, elle décida néanmoins de partir avant la fin de la fête afin de ne pas se faire prendre. Mais au moment de s'en aller un jeune homme irrésistible l'invita et la tentation était si forte qu'elle accepta sans réfléchir.

Malheureuse ! Après deux pas de danse, on raconte qu'ils s'envolèrent dans les airs et disparurent dans la Fosse Mobile, demeure du Démon. Jamais plus, on ne revit l'Yvette ! L'infortunée aurait dû pourtant savoir qu'on ne doit jamais invoquer le Diable à la légère…

D'alhors, se raconta qu'un ser de balada, es a dire de festa votiva dau vilatge, a Agris, 'na jove filha de la paròfia, nomenada Ivèta (o *l'Ivèta* per sas coneissenças), vouguèt anar au bal. Lo pair refusèt la requèsta de sa filha, mas quela-qui esperèt la nuèch per i anar totparièr : « Desire tant anar a la festa que seriá prèsta a dançar amb lo Diable si chau », çò s'amusava en passar peu fenèstron de sa chambra.

Au bal, dançava 'na granda partida de la nuèch amb fòrça bèus jovents de la region. Desgordida, decidiguèt p'r aquò de partir avant la fin de la festa per fin de pas se far pinçar. Mas au moment de se'n anar un irresistible jovent la convidèt e la temptacion èra tan fòrta qu'ela acceptèt sens reflechir.

Malurosa ! Aprèp dos pas de dança, se raconta qu'eus s'envoleren dins los aires e desaparegueren dins la Fòssa Mobila, demòra dau Demòni. Reveguèrem jamai pus l'Ivèta ! L'infortunada auriá degut pertant saber que chau pas jamai invocar lo Diable amb 'na tala leugieretat…

5 - Les légendes des grottes aux fées de La Rochette et de Cherves-Châtelars

A Cherves-Châtelars, il existe une petite grotte appelée *Grotte aux Fées*. Elle fait partie d'une ZNIEFF, zone naturelle d'intérêt écologique, faunistique et floristique, appelée *Coteau du Châtelars*.

A La Rochette, dans la forêt de la Braconne, on trouve également une telle grotte, mais appelée maladroitement *Grotte des Duffaits* ou *Trou des Duffaits* par une mauvaise transcription locale de l'occitan, qui la nommait pourtant *Gròta daus Fadets*, c'est-à-dire Grotte des Fées.

Dans chacune de ces deux grottes, on racontait bien sûr, pour leur avoir attribué un tel nom, que des fées y logeaient. Il ne faut pas toutefois s'imaginer ces fées comme de grandes et belles dames, toujours bienfaisantes et apparaissant dans un halo lumineux, telles que la fée Vivianne, Dame du Lac, ou comme la fée Mélusine du Poitou voisin. Elles seraient en effet plus proches de ce que sont les farfadets que l'on trouve en Provence ou en Poitou (où ils sont aussi appelés fadets), c'est-à-dire des petits êtres invisibles car presque toujours nocturnes, parfois bénéfiques et serviables,

5 - Las legendas de las gròtas aus fadets de La Rocheta e de Cherves-Chastelar

A Cherves-Chastelar, existís 'na p'ita gròta dicha *Gròta aus Fadets*. Fai partida d'una ZNIEFF, zòna naturala d'interès ecologic, faunistic e floristic, nomenada *Costau dau Chastelar*.

A La Rocheta, dins la forèst de la Bracona, se troba egalament 'na tala gròta, mas dicha maladrechament *Gròta daus Duffaits* ou *Cròs daus Duffaits* per 'na mala transcripcion locala de l'occitan, que la nomenava pertant ben *Gròta daus Fadets*.

Dins chaduna de quelas doas gròtas, se racontava plan segur per lor aver atribuit un tau nom, que daus fadets i lotjavan. Mentre chau pas s'imaginar queus fadets coma de grandas e bèlas damas, sempre benfasentas e apareissent dins 'na luminosa ròda, talas que la fadeta Viviana, Dama dau Lac, ou coma la fadeta Melusina dau Peitau vesin. Serián d'efièch mai prèpas de çò que son los farfadets que trobam en Provença o en Peitau (ont son tanben nomenats fadets), es a dire daus pitits èstres invisibles car quasi totjorn nocturnes, daus uns còps benefics e serviciables,

parfois espiègles et malicieux, mais jamais véritablement malfaisants. Ces fées étaient, par exemple, tout aussi capables de soigner un bœuf malade une nuit dans une étable ou de montrer le chemin à un enfant perdu, que d'ouvrir un enclos pour permettre à des chevaux de se sauver ou de pousser dans le lavoir une pauvre paysanne en train de faire sa lessive à l'aube, et rendre ainsi la vie bien difficile à bon nombre de fermiers.

Toujours est-il que les habitants de La Rochette et de Cherves-Châtelars pensaient bel et bien que de ces petites fées habitaient dans ces grottes à proximité de leurs villages, agissaient dans les alentours et que c'étaient elles qui rendaient leur vie parfois si peu routinière et pleine de mésaventures imprévues. Remarquons que les deux grottes ne sont distantes que d'une vingtaine de kilomètres ; les villageois considéraient-ils que ce furent les mêmes fées qui logeaient dans les deux cavités ? C'est en réalité peu vraisemblable car les légendes de fées étaient très répandues dans la ruralité occitane, et en particulier dans l'est de la Charente ; ainsi elles étaient réputées se cacher dans un bois, derrière un rocher, sur les berges d'un lac... et n'ont pas forcément laissé leur nom à de tels sites, contrairement à ces deux grottes.

daus uns còps aissables e malicioses, mas jamai vertadièrament maufasents. Queus fadets èran, per exemple, tan capables de pansar un buòu malaut 'na nuèch dins un estable o de mostrar la via a un enfant perdut, coma d'obrir un claus per permetre a daus chavaus de s'enfugir o butar dins lo lavador 'na paubra païsana qu'es a far sa bujada a l'auba, e aitau rendre tan dificila la vida a bon nombre de boratièrs.

Los abitants de La Rocheta e Cherves-Chastelar pensavan que quaqu'uns de queus pitits fadets abitavan dins quelas gròtas a proximitat de lors vilatges, agissián alentorn e qu'eus rendián daus còps lor vida plan pauc rotinièra e plena de malaventuras imprevistas. Remarcam que las doas gròtas son distantas solament d'una vintena de quilomètres ; los vilatjauds, considèravan que fugueren los mesmes fadets que lotjavan dins las doas cabòrnas ? Quò es en realitat pauc versemblable perque las legendas de fadets èran plan espandidas dins las campanhas occitanas e en particular dins l'est de la Charanta ; aitau èran reputadas se catar dins un bòsc, darrièr un rochàs, sus las ribas d'un lac… e an pas laissat sistematicament lor nom a de taus sites, a l'encontrari de quelas doas gròtas.

Château de La Rochette, non loin de la Grotte des Duffaits /
Chastèu de La Rocheta, pas luènh de la Gròta daus Duffaits

**Grande Fontaine de Ronsenac /
Granda Font de Ronsenac**

6 - La fontaine légendaire de Ronsenac

Non loin de la belle cité médiévale de caractère de Villebois-Lavalette, se tient le non moins beau petit village de Ronsenac et ses grosses demeures bourgeoises. Il existe aussi dans celui-ci un magnifique prieuré médiéval mais surtout, de l'autre côté de la route, un site singulier signalé par un petit panneau indiquant *Fontaine Légendaire*.

Ce panneau mène à une petite placette au centre de laquelle se trouve un lavoir jouxtant une source jaillissant d'un puits, lui-même protégé par une cage en fer forgé formant un cercle. Cette source est nommée la *Grande Fontaine de Ronsenac*.

Il se dit actuellement que cette fontaine est magique : tourner le dos à la fontaine et lancer une pièce dans le cercle, en faisant un vœu, permettraient d'exaucer ce dernier.

Personne ne peut dire véritablement si quelqu'un a déjà eu un de ses vœux ainsi exaucé.

6 - La font legendària de Ronsenac

Pas luènh de la bèla ciutat medievala de caractari de Vilabòsc - La Valeta, se dreça lo plan bèu pitit vilatge de Ronsenac e sos gròsses ostaus borgeses. Existís tanben dins queu-qui un magnific presbitari medievau mas subretot, de l'autre costat de la charrièra, un singular site senhalat per un pitit panèu indicant *Font Legendària*.

Queu panèu mena a 'na p'ita placeta au centre de la quala se troba un lavador situat contra 'na font gisclant d'un potz, se-mesma protegit per 'na gàbia en fèr farjat que forma un cercle. Quela font es nomenada la *Granda Font de Ronsenac*.

A l'ora d'aura se ditz que quela font es magica : virar l'eschina a la font e lançar 'na pèça de moneda dins lo cercle, en fasent un vòt, permetrián d'eissausir queu darrièr.

Degun pòt pas dire vertadièrament si ja quauqu'un a agut aitau un vòt eissausit.

Néanmoins l'origine de cette fontaine est très ancienne car elle existait déjà avant la guerre de Cent Ans, puisque, après avoir été détruite au cours de cette guerre, elle dut être restaurée sous le règne du Prince Noir, qui contrôlait l'Aquitaine au nom de la couronne d'Angleterre. C'est dans des temps encore plus anciens, au Haut Moyen-Âge qu'elle acquiert sa réputation de fontaine légendaire, voire magique.

En effet, on raconte qu'un jour, Jean, un paysan habitant à Ronsenac, fut confronté à un terrible dilemme : un usurier, auprès de qui il avait contracté une dette, lui demanda subitement de rembourser sous la menace de le faire enfermer par le Seigneur de Villebois. Jean, envisageant sa future et bien maigre récolte, en raison de la sècheresse qui faisait rage cette année-là, se vit donc déjà pris à la gorge. Devait-il conserver sa maigre récolte pour nourrir sa famille au risque de finir au cachot, ou devait-il la vendre pour tirer quelques sous et rembourser son usurier pour sauver sa personne ?

Perdu et désespéré, il se mit une nuit à prier Sainte Radegonde, lui demandant conseil sur la destinée de sa récolte.

Pasmens l'origina de quela font es plan anciana car existiá ja davant la guèrra de Cent Ans puèi que, aprèp èstre estada destrucha au cors de quela guèrra, deuguèt èstre restaurada jos lo règne dau Prince Negre, que contrarotlava l'Aquitània au nom de la corona d'Engleterra.
Quò es durant daus temps enquèra mai ancians, a l'Edat Mejana, qu'ela aquièr sa reputacion de font legendària, e mai magica.

D'efièch, se raconta qu'un jorn, Joan, un païsan abitant a Ronsenac, fuguèt acarat a un terrible dilèma ; un usurièr, au prèp de qu'eu avia contractat 'na deuta, li demandèt subitament de remborsar, jos la menaça de lo far engabiar peu Senhor de Vilabòsc. Joan, imaginant sa futura e tan magra recòlta, en rason de la sechiera que sevissiá quela annada lai, se veguèt ja pres a la gòrja. Deviá-t-eu conservar sa magra recòlta per noirir sa familha en riscar la preson, o deviá-t-eu la vendre per aver de qué remborsar son usurièr e sauvar sa pèu ?

Perdut e desesperat, 'na nuèch, se botèt a prejar Senta Radegonda, li demandant conselh sus la destinada de sa recòlta.

Cette sainte des premières ères chrétiennes, considérée comme la patronne des moissons, était très connue à l'époque dans la région car ayant œuvré de 520 à 587 justement entre Bordeaux et Poitiers, avant d'être canonisée ; elle était réputée pour faire pousser l'avoine par sa simple présence.

Celle-ci entendant ses prières, lui apparut et lui posa une question pour le moins tout aussi déconcertante : « Voudrais-tu de l'or pour un jour, ou de l'eau pour toujours ? ». L'homme, par cupidité ou pensant à sa dette, aurait pu se précipiter et répondre : « de l'or ! ». Mais il réfléchit, et pensant à nourrir sa famille, il répondit : « de l'eau pour toujours ! »

Alors Sainte Radegonde lui dit : « L'eau est de l'or, n'oublie jamais cela Jean », et pour récompenser cet homme réfléchi et généreux, elle fit jaillir dans sa cour une fontaine qui jamais ne devrait se tarir… Ainsi sa récolte fut florissante, il put à la fois s'acquitter de sa dette et nourrir sa famille. Sa prospérité fut également assurée pour le restant de ses jours.

Quela senta de las prumièras èras crestianas, considerada coma la patrona de la mestiva, èra plan coneguda a l'epòca dins la region, car aviá òbrat de 520 a 587 justament entre Bordèu e Peitieus, davant d'èstre sanctificada ; èra reputada far créisser la civada de sa simpla preséncia.

Quela-qui auvissent sas prejàrias, li apareguèt e li pausèt 'na question peu mens tanben plan desconcertanta : « Voudriás de l'aur per un jorn, o de l'aiga per totjorn ? ». L'òme, per cupiditat o pensant a sa deuta, auriá pogut se precipitar e respondre : « de l'aur ! ». Mas eu reflechiguèt, e pensant a noirir sa familha, respondèt : « de l'aiga per totjorn ! »

Alara Senta Radegonda li dissèt : « L'aiga es de l'aur, oblida pas jamai quò-lai Joan », e per recompensar quel òme reflechit e generós, 'la faguèt gisclar dins sa cort 'na font que devriá pas jamai se tarir… Aitau sa recòlta fuguèt florissenta, poguèt a l'encòp s'aquitar de sa deuta e noirir sa familha. Sa prosperitat fuguèt egalament assegurada peu restant de sos jorns.

Cette fontaine est-elle magique, on ne sait ; on ne sait pas non plus si elle apparut grâce à Sainte Radegonde. Mais nous pouvons être sûrs qu'il s'agit d'une fontaine généreuse, jamais à sec, qui alimente un petit ruisseau appelé le Ronsenac ; ceci constitue déjà un don de la Terre, car comme l'avaient compris les anciens (et pas toujours nos contemporains) une eau saine est déjà en soi un bien très précieux…

Si quela font es magica, sabèm pas ; sabèm pas tanpauc si apareguèt per Senta Radegonda. Mas podèm èstre segurs que se tracha d'una font generosa, jamai a sec, qu'alimenta un rigalhon nomenat lo Ronsenac ; quò constituís ja un don de la Terra, perque, coma l'avián entendut los ancians (e pas totjorn nos contemporanèus), 'na sana aiga es en se ja un tan preciós ben …

7 - L'église monolithe d'Aubeterre et sa légende moderne du temple de Mithra

A l'extrémité sud de la Charente occitane se trouve le magnifique village d'Aubeterre-sur-Dronne (appelé aussi au Moyen-Âge Aubeterre en Périgord) qui, construit à flanc de falaise de calcaire blanc, domine la vallée de la Dronne et le Périgord.
Cette petite cité se trouve sur les chemins de Saint-Jacques de Compostelle, et constitue une étape jacquaire depuis le Moyen-Âge.

Son patrimoine, surtout religieux, est exceptionnel ; ce petit village de 400 âmes compte en effet un château, avec son châtelet d'entrée médiéval et, dans sa haute cour, la Chapelle des Chevaliers datant de la Renaissance, des maisons à pontons de bois typiques, trois cloîtres (des Clarisses, des Cordeliers et des Minimes), l'église Saint-Jacques dans la haute ville, une tour de gué dite des Apôtres, l'hôpital médiéval des pèlerins Saint-François, et l'église Saint-Jean dans la basse ville. C'est avec tous ces atouts que le village fut classé « un des plus beaux villages de France » et plus récemment aussi « petite cité de caractère ».

7 - La glèisa monolitica d'Aubaterra e sa legenda moderna dau temple de Mitrà

A l'extremitat sud de la Charanta occitana se troba lo vilatge magnific d'Aubaterra sus Drona (dich tanben a l'Edat Mejana Aubaterra de Perigòrd) que, construch contra un bauç de calcari blanc, domina la valada de la Drona e lo Perigòrd.

Quela p'ita ciutat se troba suus chamins de Sent Jaume de Compostèla, e ne'n consituís 'na estapa dempuèi l'Edat Mejana.

Son patrimòni, subretot religiós, es excepcionau ; queu pitit vilatge de 400 armas compta d'efièch un chastèu, amb sa poterna medievala e, dins sa cort nauta, la Chapèla daus Chivalièrs datant de la Renaissença, de las maisons amb daus tipics pontons de fust, tres clastras (de las Clarissas, daus Franciscans e daus Minimes), la glèisa Sent Jaume dins la vila nauta, 'na tor de ga dicha daus Apòstres, l'espitau medievau daus pelegrins Sent Francés, e la glèisa Sent Joan dins la vila bassa. Quò es amb tots queus atots que lo vilatge fuguèt classat « un daus mai bèus vilatges de França » e mai recentament tanben « p'ita ciutat de caractari ».

L'église Saint-Jean est un édifice particulièrement remarquable car à la fois troglodyte (creusé dans la falaise), rupestre (où de l'art s'exprime sur les parois rocheuses) et monolithe (formé d'un seul bloc). Ses voûtes de 20m de haut creusées dans la roche en font l'église souterraine la plus haute d'Europe. Une véritable version charentaise de la Pétra jordanienne. D'ailleurs un dossier de classement au patrimoine mondial de l'UNESCO est en cours d'instruction.

Ce lieu est d'autant plus remarquable qu'une atmosphère étrange et mystérieuse se dégage dès l'instant où l'on pénètre en ce lieu sacré. Les deux immenses nécropoles de part et d'autre de l'entrée, les dizaines de sarcophages creusés dans le calcaire et les crânes parfois encore en place ajoutent un côté lugubre et mystique.

Aussi, de nombreuses rumeurs circulent sur ce lieu mystérieux. Parfois avérées, parfois encore à prouver…
Ainsi, certains affirment par exemple que le reliquaire de l'église serait inspiré de celui de la basilique du Saint-Sépulcre où se trouverait le tombeau du Christ à Jérusalem.

La glèisa Sent Joan es un edifici particularament remarcable car a l'encòp trogloditic (chavat dins lo bauç), rupèstre (ont de l'art s'exprimís sus las parets) e monolitic (format d'un sol blòc). Sas vòutas de 20m de naut chavadas dins la ròcha ne'n fan la glèisa sosterranha la mai nauta d'Euròpa. Una vertadièra version charantesa de la Petra jordaniana. D'alhors un dorsièr de classament au patrimòni mondiau de l'UNESCO es en cors d'instruccion.

Queu luòc es tan mai remarcable qu'una estranha e misteriosa atmòsfera se desgatja dès l'instant ont penetram dins queu luòc sacrat. Las doas immensas nercropòlis d'un costat e de l'autre de l'intrada, las desenas de sarcofages chavats dins lo calcari e los cranes daus còps enquèra lai aponden un costat lugubre e mistic.

Tanben, de nombrosas rumors circulan sus queu luòc misteriós. Daus uns còps averadas, daus uns còps enquèra a provar…
Aitau, certans afirman per exemple que lo relicari de la gléisa seriá inspirat de lo de la basilica dau Sent Sepulcre ont se troba lo tombèu dau Crist a Jerusalèm.

Cette thèse est soutenue par la plupart des historiens car les Croisés revenant dans la région laissèrent de nombreux témoignages permettant ce type de reconstitution (à l'image des fresques templières de la chapelle de Cressac, non loin de là).

De même, on parle d'un passage secret qui permettrait de rejoindre le château construit au dessus de la falaise où se situe le monument religieux. Mais il y a bien effectivement un escalier qui n'a rien de secret, qui part de la galerie haute de l'église et qui permet de rejoindre le château.

Il est maintenant fermé, mais il permettait à l'époque au seigneur de descendre directement à l'église pour suivre les cérémonies religieuses ; on peut toujours actuellement en observer les premières marches. Cependant, ceci n'empêche en rien l'existence d'un véritable passage secret permettant de se cacher en cas de conflit comme dans les nombreux cluzeaux de la région. Il ne reste plus maintenant qu'à en trouver l'entrée…

Par ailleurs, il existe une histoire encore plus étonnante sur cette église décidément peu ordinaire. Celle-ci possède une crypte située sous l'ancien transept extérieur.

Quela tèsi es sostenguda per la magèr part daus istorians perque los Crosats revenent dins la region laisseren de nombroses testimoniatges permetent queu tipe de reconstitucion (a l'image de frescas templieras de la chapèla de Cressac, pas luènh de lai).

Parelhament, se parla d'un passatge secrèt que permetriá d'anar au chastèu construch au dessús dau bauç, ont se situa lo monument religiós. Mas efectivament i a ben un escalièr, qu'a pas ren de secrèt, que part de la galeria nauta de la glèisa e que permet de rejónher lo chastèu. Aura es clavat, mas permetiá a l'epòca au senhor de davalar dirèctament a la glèisa per seguir las ceremonias religiosas ; podèm sempre actualament ne'n observar las prumièras marchas.

P'r aquò, quò-qui empacha pas dau tot l'existéncia d'un vertadièr passatge secrèt permetent de se catar en cas de conflicte coma dins los nombroses clusèus de la region. Aura demora solament a ne'n trobar l'intrada…

D'alhors, existís 'na istòria enquèra mai estonanta sus quela glèisa bravament pauc ordinària. Quela-qui possedís 'na cròta situada jos l'ancian transèpt exterior.

De nombreux habitants racontent qu'il s'agirait en fait d'un temple où des cultes bien sombres avaient lieu : des adorateurs de Mithra y auraient pratiqué des rites de la religion mithraïque autour du VIe siècle, secrètement, puisque rendue illégale en 391. Ces rites consistaient notamment en un sacrifice de taureau, alors égorgé, puis en des baptêmes pratiqués au sang de ce taureau et enfin en des banquets entre les initiés. Il est vrai que les proportions de ce lieu sacré correspondent à celles d'un mithraeum, ou temple de Mithra, avec, de plus, une situation souterraine sans fenêtre ni lumière naturelle, et la présence de banquettes latérales en pierre pour permettre à une quarantaine d'adorateurs maximum de pratiquer leurs banquets, cachés de tous.

Mais pour l'instant, les historiens n'ont pu démontrer que cette crypte existait avant le IXe siècle, sans pour autant pouvoir le démentir. Toujours est-il que ces dires perdurent, constituant une véritable légende moderne associée à l'église monolithe d'Aubeterre-sur-Dronne et au passé bien secret et sombre qu'elle aurait eu jadis…

Nombroses abitants racontan que se trachariá de fach d'un temple ont daus cultes ben escurs èran celebrats : los adorators de Mitrà i aurián practicat daus rites de la religion mitraïca a l'entorn dau sègle VI, secrètament, puèi que venguda illegala en 391. Queus rites consistissián principalament en un sacrifici de taurèu, alara sagnat, puèi en daus baptismes practicats amb lo sang de queu taurèu e en fin en de las tauladas entre los iniciats. Es verai que los proprocions de queu luòc sacrat corresponden a las d'un mitraeum, o temple de Mitrà, amb, en mai, 'na situacion sosterranha sens fenestra ni lutz naturala, e la preséncia de banquetas lateralas en peira per permetre a 'na quarantena d'adorators maximum de practicar lors teuladas, catats de tots.

Mas a l'ora d'aura, los istorians an pas pogut demostrar que quela cròta existiá avant lo sègle IX, sens poder zo desmentir maugrat quò.
En tot cas, queus dires perduran, constituent 'na vertadièra legenda moderna associada a la glèisa monolitica d'Aubaterra sus Drona e au passat tan secrèt e escur qu'ela auriá agut autra vetz…

**Eglise monolithe d'Aubeterre-sur-Dronne /
Glèisa monolitica d'Aubaterra sus Drona**

Ramponneau / Ramponò
(Dessin / Dessenh d'Emma dau Sochau)

8 - La légende de Ramponneau

Enfin comment finir ce livre sans évoquer cet important personnage, familier des populations rurales, qu'était Ramponneau. La légende de Ramponneau était historiquement présente dans tout le Sud-Ouest, de l'île d'Oléron à l'Ariège et du Béarn au Limousin, et en particulier, dans les Charentes, le Bordelais, le Périgord et le Quercy. Elle était donc tout particulièrement ancrée en Charente occitane, située au centre de ces provinces.

Ainsi ma propre grand-mère de Saint-Romain me raconta que lorsqu'elle était enfant, jusqu'à l'âge de ses six ans, ses parents invoquaient régulièrement ce personnage.

En effet, de son propre aveu, elle était assez capricieuse et, comme tout parent faisait à l'époque pour mettre fin à des caprices, sa mère la menaçait d'appeler Ramponneau. Celui-ci était alors censé arriver sur le champ, emporter l'enfant capricieux dans une pièce noire de la maison et le terroriser …

En réalité, la plupart du temps, l'enfant était emmené dans une pièce où l'on éteignait la lumière.

8 - La legenda de Rampanò

En fin, coma 'chabar queu libre sens evocar quel important personatge familiar de las populacions ruralas qu'èra Rampanò. La legenda de Rampanò èra istòricament presenta dins tot lo Sud-Oèst, de l'isla d'Oleron a l'Arièja e dau Bearn au Lemosin, e en particular dins las Charantas, lo Bordalés, lo Perigòrd e lo Carcin. Èra donc tot particularament assolidada en Charanta occitana, situada au centre de quelas províncias.

Aitau ma quita granda de Sent Roman me racontèt que quand èra p'ita, jusc'a l'atge de sos sieis ans, sos parents invocavan regularament queu personatge.
D'efièch, de sa pròpria avoacion, èra pro capriciosa e, coma tot parent fasent a l'epòca per metre fin a daus capricis, sa mair la menaçava de sonar Rampanò. Queu-qui èra alara censat arribar còp sec, emportar lo dròlle capriciós dins un membre negre de la maison e lo terrorisar.
En realitat, la magèr part dau temps, lo dròlle èra menat dins un membre ont òm atudava la lutz.

On faisait alors simplement intervenir un membre de la famille ou un voisin, à qui l'on demandait de faire des bruits effrayants. Cela suffisait à terrifier l'enfant et surtout, à rendre crédible et même tenace cette légende.

Ramponneau pouvait aussi intervenir avec des enfants plus âgés. En effet des enfants, de dix ou douze ans par exemple, qui s'autorisaient à rester jouer avec leurs camarades à des heures trop tardives, étaient alors souvent mis en garde par leurs parents : à la tombée de la nuit ils risquaient tout simplement de croiser Ramponneau en personne, errant aux abords des villages. Alors celui-ci aurait pu les surprendre, les terrifier et même les emporter !

Mais qui était Ramponneau ?
Il était imaginé sous l'aspect d'un homme très laid au visage effrayant et vêtu d'un grand manteau noir. Une espèce de Nosferatu ou de Croque-mitaine en somme ! Il est d'ailleurs lié à ce dernier dont il serait le représentant local.
Quant au repaire où il se serait caché en attendant la nuit, nul ne savait où il se situait, mais j'aime à penser que dans notre région, cela aurait pu être tout à fait dans la grande forêt d'Horte.

Se fasiá alara simplament intervenir 'na persona de la familha o un vesin, a que se demandiá de far d'esfredants bruches. Quò-lai sufisiá a espaurir lo dròlle e subretot a rendre credible e mai tanaça quela legenda.

Ramponò podiá tanben intervenir amb daus dròlles mai vielhs. D'efièch daus dròlles, de dietz o dotze ans par exemple, que s'autorisavan a restar jogar amb lors camarades a de las oras tròp tardivas, èran alara sovent mes en garda per lors parents : a jorn falit, eus riscavan tot simplament de crosar Ramponò se-mesma, errant a l'entorn daus vilatges. Alara queu-qui auriá pogut los suspréner, los espaurir e mai los emportar !

Mas qué èra Ramponò ?
Èra imaginat jos l'aspècte d'un òme plan òrre au visatge esfredant e vestit d'un grand mantèu negre. Una espécia de Nosferatu o de Minja-crestian en soma ! Es d'alhors ligat a queu darrièr qu'eu seriá lo representant locau.
Degun sabiá pas ont se situava lo repaire ont eu se seriá catat en esperar la nuèch, mas ieu aime a pensar que, dins la nòstra region, quò-qui auriá pogut èstre vertadièrament dins la granda forèst d'Òrta.

En effet, cet immense massif forestier de plus de 10000 hectares du sud de la Charente occitane est bien sombre et impénétrable, ce qui en fait le lieu idéal pour lui.

Initialement, peu de légendes se situent dans cette forêt car ce massif était quasiment inhabité hormis quelques hameaux et surtout l'abbaye de Fontvive ou Grosbot (venant directement de l'occitan gros bost, c'est-à-dire grand bois). Les moines essayaient en christianisant les localités proches, de battre en brèche les légendes considérées comme païennes et incompatibles avec le christianisme ; cela laissait donc peu la place à ce type de récits dans les villages dépendants des abbayes.

Pourtant, un autre lieu de ce massif peut attirer notre attention : à Rougnac, un magnifique château existe depuis le Moyen-Âge et se nomme le Repaire ! Pourquoi un tel nom ? Aurait-il été construit sur le fief d'un monstre, une fois celui-ci délogé à cette époque de chasse aux sorcières ? Etait-ce Ramponneau ?

Personne ne le saura jamais, mais en traversant le massif d'Horte, mieux vaut garder prudence, surtout de nuit, car si Ramponneau y a conservé une cache, il serait encore capable de rôder non loin de là !

D'efièch, quel immense massiu forestièr de mai de 10000 ectaras dau sud de la Charanta occitana es ben escur e impenetrable, çò que ne'n fai lo luòc ideau per eu.

Inicialament, pauc de legendas se situan dins quela forèst perque queu massiu èra quasi inabitat fòra quauques maines e subretot l'abadiá de Fontviva o Gròsbòst (venent dirèctament de l'occitan gròs bòst, qu'es un autre biais dins la region per dire gròs bòsc). Los monges ensajavan en cristianisar las localitats vesinas, de far oblidar las legendas consideradas coma paganas e incompatibles amb lo cristianisme ; quò laissava donc pauc de plaça a queu tipe de racontes dins los vilatges dependent de las abadiás.

Pertant, un autre luòc de queu massiu pòt atirar nòstra atencion : a Ronhac, un magnific chastèu existís dempuèi l'Edat Mejana e se nomena lo Repaire ! Perqué un tau nom ? Seriá estat construch suu fèu d'un mostre, un còp queu-qui deslotjat a quela epòca de chaça a las fachilhièras ? Èra quò Rampponò ?

Degun zo saubrà pas jamai, mas en traçar a travèrs lo massiu d'Òrta, vau mielhs gardar prudéncia, subretot la nuèch, perque, si Rampponò i a conservat un refugi, seriá enquèra capable de rodar pas luènh de lai !

Bibliographie / Bibliografia

Braç Mirelha e co., *Lexic elementari, occitan - francès / français - occitan*, IEO, Tolosa, 1996

Bonnet C., *La Lenga d'Aur, L'occitan - patrimoine linguistique de Poitou-Charentes*, Conversa occitana en Charanta, Engolesme, 2001

Chadeuil Michel, *Expressions et dictons du Périgord et du Limousin*, Editions Bonneton, Paris, 2008

Champarnaud André, *Au tico taco dòu Mouli, Lou Champit*, Ronteix, Périgueux, 1941

Champarnaud André, *Au tico taco dòu Mouli, Counteis per los de-lesei*, Ronteix, Périgueux, 1946

Despastre Marcelle, *Contes populaires du Limousin - Los Contes dau pueg Gerjan*, Revue Lemouzi n°106 bis, Tulle, 1988

Fénié Benedicte et J.J., *Typonimie nord-occitane, Périgord, Limousin, Auvergne, Vivarais, Dauphiné*, Sud-Ouest Université - Editions Sud-Ouest, Bordeaux, 2003

Fraj Eric, *Quin occitan per deman ? Lengatge e democracia*, Edicions Reclams, Cosledàa-Lube-Boast, 2013

Gautier Michel, *Grammaire du poitevin-saintongeais*, Geste Editions, Mougon, 1996

Lachaise Bernard et co., *Histoire du Périgord*, Editions Fanlac, Périgueux, 2000

Lavalade Yves, *Guide Occitan de la Flore, Limousin - Marche - Périgord*, Editions Lucien Souny, Limoges, 2002

Lavalade Yves, *Le limousin dialecte occitan*, La Clau lemosina, Lemòtges, 1991

Leveque Joan-Loís, *Perigòrd, terra occitana - Périgord, terre occitane,* Novelum - IEO Perigòrd, Périgueux, 2008

Marrou Henri-Irénée, *Les troubadours*, Editions du Seuil, Paris, 1971

Morillon Claude, *Charente*, Editions Bonneton, Paris, 2009

Nowak Eric, *Histoire et Géographie des parlers poitevins et saintongeais*, Editions des Régionalismes - PyréMonde, Monein, 2010

Pagnoux Roger, *Glossari Lemosin, Contribucion a l'estudi de la lenga lemosina*, IEO Lemosin - Terra d'òc, Charreç, 2005

Panneel Henry, *Contes et légendes des Charentes*, Editions PyréMonde, Monein, 2006

Poujade Patrici, *Los vèrbs conjugats, Memento verbal de l'occitan*, IEO d'Arièja, Pàmias, 1996

Roux Jean et Lévêque J.L., *Précis de conjugaison occitane, dialecte limousin*, Novelum - IEO Perigòrd, Périgueux, 2011

Stéphane Bernard, *Le parler du Périgord*, Editions Bonneton, Paris, 2013

Tintou Michel, *Grammaire limousine*, Revue Lemouzi, n°85 bis, Tulle, 1983

Sommaire

Ensenhador

Première édition

Dépôt légal : Second trimestre 2016
Edition : Dussouchaud – Charente
Imprimé par Lulu Press, Inc.

www.ingramcontent.com/pod-product-compliance
Lightning Source LLC
Chambersburg PA
CBHW070016110426
42741CB00034B/1998